Budismo Tibetano

Dados Internacionais de Catalogação na Publicação (CIP)
(Câmara Brasileira do Livro, SP, Brasil)

Wallace, B. Alan
Budismo tibetano : abordagem prática de seus fundamentos para a vida moderna / B. Alan Wallace ; tradução de Jeanne Pilli – Petrópolis, RJ : Vozes, 2016.

Título original : Tibetan Buddhism from the ground up : a practical approach for modern life
Bibliografia.

5ª reimpressão, 2023.

ISBN 978-85-326-5265-2

1. Budismo 2. Budismo – Doutrinas 3. Budismo – Tibete 4. Dharma (Budismo) I. Título.

16-03199   CDD-294.3923

Índices para catálogo sistemático:
1. Budismo tibetano : Religião   294.3923

Budismo Tibetano

Abordagem prática de seus fundamentos para a vida moderna

B. Alan Wallace

Tradução de Jeanne Pilli

EDITORA VOZES

Petrópolis

© 1993, B. Alan Wallace

Tradução realizada a partir do original em inglês intitulado
Tibetan Buddhism from the Ground Up –
A Practical Approach for Modern Life
Originalmente publicado pela Wisdom Publications, Inc.

Direitos de publicação em língua portuguesa:
2016, Editora Vozes Ltda.
Rua Frei Luís, 100
25689-900 Petrópolis, RJ
www. vozes. com. br
Brasil

Todos os direitos reservados. Nenhuma parte desta obra poderá ser reproduzida
ou transmitida por qualquer forma e/ou quaisquer meios (eletrônico ou mecânico,
incluindo fotocópia e gravação) ou arquivada em qualquer sistema ou banco de dados
sem permissão escrita da editora.

CONSELHO EDITORIAL

Diretor
Gilberto Gonçalves Garcia

Editores
Aline dos Santos Carneiro
Edrian Josué Pasini
Marilac Loraine Oleniki
Welder Lancieri Marchini

Conselheiros
Elói Dionísio Piva
Francisco Morás
Ludovico Garmus
Teobaldo Heidemann
Volney J. Berkenbrock

Secretário executivo
Leonardo A.R.T. dos Santos

Editoração: Flávia Peixoto
Diagramação e capa: Sandra Bretz
Ilustração de capa: © jeniffer | Pixabay

ISBN 978-85-326-5265-2 (Brasil)
ISBN 0-86171-075-4 (Estados Unidos)

Este livro foi composto e impresso pela Editora Vozes Ltda.

Sumário

Prefácio, 7

1 *O Dharma* e os rituais de felicidade, 9

2 A mais antiga das ilusões, 21

3 Morte: sem saída, 33

4 O espírito do despertar, 43

5 As raízes do descontentamento, 57

6 Os frutos do nosso trabalho, 75

7 Os portões para a liberdade, 91

8 A fundação da prática espiritual, 109

9 Estabilizando a mente, 125

10 Bondade amorosa, 143

11 As quatro aplicações da atenção plena, 151

12 Os veículos individual e universal do budismo, 167

13 Cultivando o espírito do despertar, 183

14 Transformando a adversidade em caminho espiritual, 197

15 Vacuidade e realização, 207

16 Tantra: o veículo de diamante, 219

Prefácio

O texto a seguir é uma versão editada de uma série de palestras que proferi em Seattle, Washington, em 1988, começando com os ensinamentos mais básicos do budismo tibetano e progredindo gradualmente para teorias e práticas mais sutis e avançadas. Essas palestras tinham como objetivo oferecer uma introdução prática ao budismo, baseada em meus próprios estudos e experiência, e em ensinamentos que tenho recebido de mestres das quatro tradições do budismo tibetano desde 1970. Essas palestras, apresentadas aqui nos capítulos dez e onze, são baseadas em escrituras budistas preservadas no idioma pali. Embora esses textos não sejam parte da tradição tibetana, são compatíveis com ela, e os utilizei como fonte por sua excepcional clareza e aplicabilidade.

Este livro não foi concebido como uma introdução acadêmica ao budismo tibetano, mas sim como um guia simples para a prática. Espero que venha a ser acessível e útil para um amplo público de leitores, especialmente para aqueles sem qualquer base budista.

Gostaria de agradecer aos meus muitos amigos em Seattle que transcreveram estas palestras, especialmente Pauly Fitze. Gostaria também de expressar minha gratidão a Michael Bristol,

Stuart e Sandy Baird e Grace Watson, que contribuíram para o meu trabalho com muita generosidade ao longo destes anos.

Também gostaria de agradecer a Steven Wilhelm, jornalista profissional e amigo de longa data, sem o qual este trabalho não poderia ter sido levado a termo. Durante o ano de 1989, fiz a edição inicial das transcrições das primeiras nove palestras e Steven deu polimento a esse trabalho. As transcrições das sete palestras finais foram inicialmente editadas por Steven Wilhelm, e por fim editei todo o manuscrito. Finalmente, sou muito grato a Connie Miller e Vincent e Maria Montenegro da *Wisdom Publications* pelo seu excelente trabalho com o manuscrito.

Espero que o estilo pessoal deste livro possibilite uma leitura agradável e significativa para aqueles interessados em compreender o budismo tibetano no contexto do mundo moderno.

1

O *Dharma* e
os rituais de felicidade

O budismo tibetano é uma das muitas tradições espirituais que se desenvolveram a partir das palavras ensinadas pelo Buda histórico, cerca de 2. 500 anos atrás. A palavra sânscrita *Dharma*, para a qual não existe equivalente adequado nas línguas ocidentais, refere-se à compreensão e ao comportamento que levam à eliminação do sofrimento e suas fontes e à experiência de um estado duradouro de felicidade e realização. O *Dharma* ensinado pelo Buda é conhecido como *Budadharma*. Assim, podemos descrever o *Dharma* como um modo de vida, uma prática que pode ser relevante e útil para todos, tanto para as chamadas pessoas religiosas quanto para as pessoas não religiosas. Por quê? Porque nos ensina como satisfazer um desejo que sempre tivemos, qual seja, o desejo fundamental de vivenciar um estado duradouro de felicidade e de ser completamente livre do sofrimento e do descontentamento. Em suma, a prática do *Dharma* provê meios para o atingimento desse objetivo.

Śāntideva, sábio budista indiano do século VII, escreveu:

> Embora desejemos abandonar a dor,
> apressamo-nos na direção do sofrimento;
> e embora ansiemos pela felicidade,

por ignorância, destruímos a alegria como se fosse nossa inimiga[1].

Nós desejamos a felicidade, mas frequentemente fracassamos na identificação de suas causas. Desejamos ficar livres do sofrimento, da frustração e da tristeza, mas não identificamos corretamente as fontes da infelicidade. Assim, embora desejemos livrar-nos do sofrimento, apressamo-nos em sua direção, continuamente destruindo as causas da felicidade que poderíamos ter.

Então, como faremos para praticar o *Dharma* corretamente? Primeiro, devemos entender claramente o que não é *Dharma* para que possamos eliminar todas as atividades das nossas vidas que criam as causas contrárias à felicidade.

As oito preocupações mundanas

Apenas o *Dharma* e uma motivação adequada para a prática do *Dharma* conduzem efetivamente à realização. Todas as outras atividades estão incluídas no que os budistas chamam de as "oito preocupações mundanas". Essas preocupações dominam uma vida sem *Dharma* e impedem-nos de adotar um modo de vida que leve à cessação do descontentamento. Essas oito preocupações mundanas são: ganho e perda, prazer e dor, elogio e crítica, fama e desonra.

Essas são as preocupações que permeiam o cotidiano da maioria das pessoas. Elas são prevalentes precisamente porque são confundidas com meios eficazes para alcançar a felicidade e evitar o sofrimento. Por exemplo, muitos de nós, impulsionados pelas preocupações com ganho e perda, trabalhamos para obter uma renda que nos permita comprar as coisas que o dinheiro pode comprar, algumas delas necessárias, mas outras, muitas vezes, desnecessárias, acreditando que nos trarão felici-

---

1 ŚĀNTIDEVA. *Bodhicaryāvatāra*, cap.1, vs. 28. Todas as traduções do sânscrito e do tibetano são feitas por mim, salvo indicação em contrário.

dade. Ganhamos dinheiro também para evitar o sofrimento e a humilhação da pobreza.

Mais uma vez, experienciar o prazer e evitar a dor são as principais motivações para a maioria das nossas atividades. Engajamo-nos em muitas ações – algumas das quais podem parecer espirituais – em busca de satisfação ou alívio imediatos. Por exemplo, se estamos com dor de cabeça tomamos uma aspirina ou nos sentamos para meditar, esperando que a dor de cabeça vá embora. Esses remédios podem levar a um alívio temporário do desconforto, mas esse é o limite da sua eficácia.

Elogio e crítica formam o par seguinte de preocupações mundanas, e até mesmo uma breve reflexão revela a grande medida em que o nosso comportamento é influenciado pelo desejo de elogio e pelo medo da crítica. O último par, fama e desonra, inclui buscar aprovação, carinho, reconhecimento, respeito e apreciação dos outros, e evitar a desaprovação e a rejeição correspondentes, entre outros.

A razão para chamar a atenção a essas oito preocupações mundanas não é mostrar que são inerentemente negativas. Não é ruim comprar um carro, desfrutar de uma refeição requintada, ser elogiado por seu trabalho ou ser respeitado pelos outros. Em vez disso, a razão para destacá-las é revelar sua natureza essencialmente transitória e sua impotência como meio para se obter felicidade duradoura.

Tomemos o exemplo de tirar férias. Primeiramente, para realizar o ritual de sair de férias, temos que guardar o dinheiro necessário. Feito isso, vamos então a um agente de viagens que nos mostra belos folhetos do Havaí, por exemplo. Vemos fotografias de gente bonita tomando sol na praia, aparentemente se divertindo muito. Atraídos por essa fórmula de felicidade, nós pagamos por um fac-símile da experiência da propaganda, e, logo em seguida, lá estamos nós indo para o Havaí.

Nossas férias duram uma semana e de fato nos divertimos, mas, naturalmente, temos de voltar para as nossas casas, empregos e responsabilidades. As férias terminam. Queremos reviver os momentos agradáveis, e então falamos sobre eles com os nossos amigos. Se prolongarmos esse ritual, submetendo os amigos a sessões intermináveis de fotos ou vídeos, poderemos encontrar resistência. Percebemos então que é hora de parar de saborear as lembranças das férias. A memória desvanece gradualmente e o relaxamento também desaparece. As férias terminam e voltamos para a rotina da nossa vida comum, até que chegue o momento de planejar as próximas férias.

Isso é o que acontece quando as coisas vão bem. Porém, muitas vezes os nossos planos dão errado. Realizamos o ritual de alguma atividade planejada para nos dar prazer, e fracassamos. Embora os nossos planos tenham sido feitos para nos dar felicidade, em vez disso, acabam causando irritação.

Finalmente, descobrimos que os nossos esforços para obter ganho material, *status*, elogio e fama são fúteis, e podem levar a uma infelicidade maior do que a que sentíamos inicialmente. A depressão pode se instalar, e se conseguirmos encontrar alguém para culpar pelo nosso insucesso, nós o faremos. Ao final, isso leva ao conflito e à confusão com aqueles que nos rodeiam. Em suma, a dedicação às oito preocupações mundanas não cumpre a promessa de nos dar qualquer satisfação duradoura, e garante descontentamento e frustração implacáveis.

Quando reconhecemos essa situação com mais clareza, torna-se natural começarmos a procurar alternativas, e essa busca pode nos levar ao *Dharma*. Isso não significa apenas dedicar-se a alguns exercícios espirituais, mas começa com uma transformação fundamental do modo de pensar e, consequentemente, do modo de vida – evitamos atividades e comportamentos não virtuosos e adotamos atividades virtuosas.

A fundação e o objetivo inicial dessa transformação é evitar prejudicar os outros. Tanto a sós como na companhia de outros, devemos nos esforçar para evitar causar o mal, seja diretamente com palavras ou ações, ou indiretamente com pensamentos e intenções. Podemos ferir os outros com insulto, calúnia, sarcasmo e falsidade, ou com atos de omissão, por insensibilidade ou descuido. A maneira mais sutil de prejudicar os outros é indiretamente por meio dos nossos pensamentos, julgamentos e atitudes. Quando a mente está dominada pela hostilidade, podemos atacar os outros cruelmente com os nossos pensamentos. Embora nenhum ferimento aparente possa ser infligido, esses pensamentos nos afetam internamente e influenciam a maneira como interagimos com os outros, e o efeito em longo prazo é invariavelmente prejudicial. Assim, o tema inicial da prática do *Dharma* é uma atitude não violenta com respeito às nossas próprias vidas, aos outros seres vivos e ao meio ambiente. Essa é a fundação para a prática espiritual e pode trazer bem-estar a nós mesmos e aos outros.

Tendo a não violência como base, podemos buscar maneiras de nos colocarmos a serviço dos outros, tendo em mente que qualquer trabalho será altruísta se a nossa motivação for gentil e amorosa.

O *Dharma* e suas imitações

Agora, enfocaremos outros rituais que são comumente considerados práticas espirituais ou *Dharma*: meditação, oração, ioga e assim por diante. Ao nos engajarmos nessas atividades, é essencial nos questionarmos repetidas vezes: "Essas práticas são motivadas pelas oito preocupações mundanas?" Esse ponto pode ser ilustrado com uma história tibetana bastante conhecida.

Um homem que viveu cerca de mil anos atrás sentia-se insatisfeito com sua vida, e por isso decidiu praticar o *Dharma*. Como os tibetanos de forma geral são um povo bastante religioso e devoto, dedicar-se a uma prática devocional era muito natural para ele. Entoar mantras ou orações, circum-ambulando um relicário, contando os *mantras* com um rosário na mão esquerda e girando uma roda de oração na direita, é um costume tibetano bastante comum.

Enquanto o nosso devoto fazia isso, um sábio chamado Drom Tönpa[2] notou seu comportamento e comentou: "É muito bom circum-ambular um relicário, mas é ainda melhor praticar o *Dharma*".

Fácil imaginar esse homem sentindo-se um pouco contrariado com a observação do professor, já que tinha certeza de que estava praticando o *Dharma*. Mas então pensou consigo mesmo: "Um simples ato de devoção aparentemente não é suficiente. Acho melhor praticar o *Dharma* estudando as escrituras". Mais tarde, enquanto tentava seguir esse novo ritual, Drom Tönpa veio até ele e comentou: "É muito bom ler as escrituras, mas é ainda melhor praticar o *Dharma*".

Sabendo que esses estudos eram uma prática comumente respeitada no Tibete, nosso praticante ficou ainda mais perplexo do que antes. Mas pensou um pouco mais e teve uma ideia brilhante que resolveria o problema – Meditar! Certamente muitos sábios budistas afirmaram que a meditação é a essência do *Dharma*, e portanto essa era uma decisão acertada. Mas quando Drom Tönpa o viu meditando, repreendeu-o suavemente dizendo: "É muito bom meditar, mas é ainda melhor praticar o *Dharma*".

Nesse momento, o nosso devoto que se tornou estudioso que se tornou meditador se irritou. Que opções ele tinha agora? O que esse renomado professor tinha em mente? Finalmente, ele perguntou e o professor respondeu: "Abandone todo o apego a esta vida e deixe que sua mente se torne *Dharma*".

---

2 Tib. 'Brom-stonrgyal-ba'i'byung-gnas (1008-1064).

Devoção, estudos e meditação podem ser rituais vazios; o que faz com que esses atos devocionais ou qualquer outra prática seja de fato *Dharma* é unicamente a motivação. O que Drom Tönpa quis dizer com a instrução "Abandone todo o apego a esta vida"? Ele quis dizer, abandone o apego às oito preocupações mundanas; não permita mais que elas governem a maneira como você vive a sua vida.

"Deixe que sua mente se torne *Dharma*", encorajou Drom Tönpa. Nossas tentativas iniciais na prática espiritual tendem a ser muito autocentradas. Queremos superar as distorções de nossas mentes e cultivar qualidades virtuosas como bondade, compreensão, atenção plena e concentração; mas inicialmente, quando nos dedicamos às práticas destinadas a cultivar essas qualidades, elas parecem ser apenas exercícios mentais. O *Dharma* parece algo separado, algo adotado, que vem de fora de nós. Mas conforme nos aprofundamos na prática, essa sensação de separação começa a desaparecer; nossas mentes se transformam no próprio *Dharma* que buscamos cultivar.

É bastante fácil compreender as oito preocupações mundanas intelectualmente, mas é bem mais difícil identificá-las em meio à nossa prática espiritual. Lembro-me de um comentário impressionante feito por um amigo tibetano contemplativo. Ele tornou-se monge aos sete anos, recebeu uma sólida e extensa formação no *Dharma* de excelentes professores quando tinha vinte e poucos anos, e, posteriormente, entrou em retiro solitário em uma pequena cabana nas montanhas acima de Dharamsala, na Índia. Durante anos ele se dedicou à meditação, levando uma vida de simplicidade e pobreza por conta de sua prática espiritual. No entanto, depois de quase vinte anos de esforço, ele comentou comigo que seus primeiros anos em retiro foram na verdade uma corporificação das oito preocupações mundanas, algo de que ele não tinha a menor consciência na época. A infiltração dessas preocupações é de fato muito sutil, e fazem uma caricatura do *Dharma*!

Cultivar a mente é muito parecido com cultivar uma lavoura. Um fazendeiro tem de saber a maneira correta de preparar o solo, plantar a semente, cuidar do crescimento das plantas e, por fim, fazer a colheita. Se todas essas tarefas forem feitas corretamente, o agricultor colherá a melhor safra que a natureza permitir. Se forem feitas de forma inadequada, o resultado produzido será inferior, independentemente das expectativas e ansiedades do agricultor.

Da mesma forma, com respeito à meditação, é fundamental compreendermos cuidadosamente o método correto da técnica que escolhermos. Durante a prática, devemos verificar frequentemente se estamos seguindo as instruções que ouvimos e que compreendemos conceitualmente. Assim como uma boa colheita, uma boa meditação não pode ser forçada e precisa ser cultivada ao longo do tempo.

Permita-me ilustrar essa forma sutil de dominação das oito preocupações mundanas com um exemplo da minha própria experiência. No início da década de 1970, eu era um jovem estudante de budismo que residia em Dharamsala. Essa aldeia montanhosa no norte da Índia é a sede de Sua Santidade o Dalai-Lama, o líder espiritual e temporal[3] dos tibetanos, e é também o lar de milhares de refugiados tibetanos, muitos deles monges, monjas e lamas. Pelo fato de ter iniciado meus estudos da língua tibetana e do budismo em uma universidade ocidental e de rapidamente ter encontrado excelentes oportunidades de treinamento em Dharamsala, logo passei a ser visto como um dos estudantes ocidentais mais experientes, embora estivesse ali há apenas poucos meses. Algumas vezes, essa reputação produzia um sentimento de superioridade ou fazia com que me sentisse especial. Notei essa atitude deludida e isso me preocupou: se com esse pouco de treinamento eu já estava me sentindo tão especial, estaria eu

---

3 Sua Santidade o Dalai-Lama deixou de ser o líder temporal dos tibetanos em 2001 [N.T.].

condenado a uma arrogância que cresceria proporcionalmente à expansão do meu conhecimento e da minha experiência?

Foi nesse momento, em que estava preocupado com esse problema, que me foi concedida a primeira audiência com Sua Santidade o Dalai-Lama, e pedi então que me aconselhasse. Sua Santidade respondeu com uma analogia: "Imagine que você está com muita fome e lhe é oferecida uma refeição farta, deliciosa e nutritiva. Depois de satisfazer sua fome, você se congratularia pela proeza de ter se alimentado? Você se sentiria superior?" "Claro que não", eu respondi. E ele continuou: "O mesmo se dá com o *Dharma*. Você chegou aqui ansiando se livrar do descontentamento e encontrar a verdadeira satisfação. Você veio buscar o *Dharma* e o seu desejo está sendo realizado. Sentir-se superior por ter tido essa experiência é tão injustificável quanto se sentir superior por ter recebido uma boa refeição".

Sua Santidade prosseguiu falando sobre a sua própria situação. Referia-se a si mesmo simplesmente como Tenzin Gyatso, um monge budista que havia recebido muitos ensinamentos sobre as consequências em longo prazo das ações eticamente virtuosas e não virtuosas.

"Agora pense no comportamento de uma mosca", disse ele. "Ela se preocupa apenas com coisas como obter alimento, e age com um desejo egoísta que facilmente se transforma em agressão quando precisa competir com os outros. É apropriado sentir desprezo pela mosca devido ao seu comportamento? Certamente não, porque ela não conhece nada melhor. Da mesma forma não é apropriado desprezar outras pessoas em razão de seu comportamento negativo, especialmente se elas não tiverem aprendido a distinção entre ações virtuosas e não virtuosas. No entanto, se eu, que recebi muitos ensinamentos a esse respeito, agir como alguém a quem nada foi ensinado, isso seria vergonhoso. Uma maior compreensão leva correspondentemente a uma maior responsabilidade e não a arrogância."

Sinais da prática do *Dharma*

Quando iniciamos a prática do *Dharma*, é possível que tenhamos algumas surpresas decepcionantes. Nós aprendemos a identificar o surgimento de distorções mentais na vida diária e o comportamento não virtuoso que decorre delas. Nesse processo de aprendizagem, podemos achar que nossas mentes e o nosso modo de vida são muito menos virtuosos do que pensávamos. Muitos estudantes iniciantes no *Dharma* notam que antes de começarem a praticar o budismo consideravam-se pessoas bastante sábias e amigáveis; mas depois de examinarem seu próprio comportamento com mais cuidado, espantam-se com a qualidade não virtuosa de suas vidas. Essa descoberta pode ameaçar seriamente a autoestima. Ao encontrarmos dificuldades para aceitar certos traços em nossa própria autoimagem, acabamos buscando e enfatizando compulsivamente esses mesmos defeitos nos outros. Por exemplo, se detestamos a nossa própria tendência à presunção, possivelmente sentiremos um desprezo mordaz por outras pessoas que exibem essa qualidade. Por essa razão, é comum que nos estágios iniciais da prática do *Dharma* a companhia de outras pessoas pareça muito dolorosa, porque o praticante vê suas próprias falhas espelhadas no comportamento dos outros, e essa é uma experiência bem desagradável. Um pouco de compreensão pode ser dolorosa; porém esse desconforto não diminui abandonando a prática do *Dharma*, e sim perseverando e cultivando a compaixão e uma visão mais profunda.

Quais são os sinais de que estamos cultivando o *Dharma* corretamente em nossas vidas? Serenidade e bom humor são qualidades a serem buscadas. Essas características refletem um tipo de consciência que se mantém em equilíbrio, tanto nos bons como nos maus momentos. Face à adversidade, o praticante do *Dharma* não se desespera, e nem responde com euforia ou apego ansioso quando se depara com a felicidade. Em vez disso, ele aceita as duas situações com equanimidade.

Essa equanimidade não é um sinal de apatia ou de passividade. Ao contrário, é uma atitude de alegria calma pronta para a ação, bem como para o repouso. É uma sensação de bem-estar que não é produzida por estímulos externos prazerosos, nem diminuída pela adversidade. A fonte desse equilíbrio é a boa saúde de nossas próprias mentes produzida pela prática do *Dharma*.

O coração da prática do *Dharma* é a liberação do apego a esta vida. Enfoca uma questão bastante profunda – superar o descontentamento de forma completa, por meio da liberação das aflições mentais, da confusão, do apego e da raiva. Em um sentido mais amplo, a prática do *Dharma* diz respeito a estar a serviço dos outros, tanto em termos de suas necessidades temporárias quanto absolutas.

Isso significa que alguém que está comprometido com o *Dharma* renuncia repentinamente a todos os prazeres mundanos – diz adeus às férias, ao entretenimento e aos prazeres sensoriais? Não. Tentar essa abordagem geralmente resulta em esgotamento espiritual; e a reação rebote mais comum é a indulgência sensual igualmente extrema.

Por essa razão, a prática do *Dharma* budista é frequentemente chamada de *caminho do meio*, pois procura evitar os extremos da indulgência sensual e do ascetismo severo. O primeiro leva à perpétua insatisfação e este último prejudica a saúde física e mental. Ambos são estranhos ao *Dharma*. Negar esses prazeres a nós mesmos irá provavelmente retardar nosso crescimento espiritual, pois a prática terá um sabor de privação e frustração.

O caminho do meio é um esforço aplicado com sensibilidade que não é negligente e nem agressivo. Ao final, a partir dessa prática, as ações virtuosas geram cada vez mais satisfação e prazer, e esse é um resultado da transformação espiritual.

À medida que nos desenvolvemos no *Dharma*, é bem provável que a necessidade de fontes externas de prazer diminua, uma vez que nos sentimos nutridos por uma sensação de bem-estar proveniente das profundezas das nossas próprias mentes. Essa transição é gradual e não pode ser forçada. O caminho do *Dharma* deve ser alegre, gerar satisfação interior cada vez maior e reduzir a necessidade de estímulos externos prazerosos.

2

A mais antiga das ilusões

Enquanto nossas mentes forem dominadas pelas oito preocupações mundanas, permaneceremos em um estado de insatisfação, sempre vulneráveis à dor e ao medo. Nossa vida é como um pequeno barco à deriva em alto-mar – cada onda, cada subida e cada descida, perturbam o nosso equilíbrio, e qualquer grande onda vira o nosso mundo de cabeça para baixo. Assim, somos confrontados com a pergunta: Como podemos criar uma maior estabilidade emocional através do alívio das aflições mentais? Uma das maneiras é enfrentar e superar o que podemos chamar de a mais antiga ilusão das nossas vidas – a ilusão da imortalidade.

Os resultados de ignorar a morte

Todos nós reconhecemos que um dia iremos morrer. Na verdade, algumas pessoas afirmam que os seres humanos são as únicas criaturas capazes de antever sua própria morte. Embora tenhamos essa capacidade, a maioria de nós a reprime tanto quanto for possível. Evitamos pensar sobre a possibilidade da nossa própria morte, e quando o assunto vem à tona, temos a tendência de pensar: "Claro que eu vou morrer, mas não hoje, ou pelo menos não no futuro próximo". A morte é empurrada para o futuro distante e incerto, longe o bastante para não parecer ameaçadora e não influenciar a maneira como vivemos. Dessa forma, ignoramos uma faceta crucial da vida – o fato de que a vida termina. Ao fazermos isso, criamos a ilusão da imortalidade.

Um dos resultados de aderirmos à ilusão da imortalidade é ficarmos emaranhados na teia de preocupações triviais que preenchem a vida diária. Dedicamo-nos de todo o coração às oito preocupações mundanas e, como resultado disso, somos continuamente golpeados pelas aflições mentais e pelo comportamento não virtuoso que delas decorrem.

Levar uma vida assim, pode, em algum momento, produzir insatisfação – especialmente quando as coisas não estão indo bem – e isso pode gerar a aspiração de encontrar uma prática espiritual. Mas os nossos esforços em geral são fracos e intermitentes, e muitas vezes são apenas uma outra forma de preocupação mundana, uma busca de alívio temporário da insatisfação. Procuramos mais uma solução rápida, seja através da meditação, frequentando uma igreja ou um templo, ou por meio de práticas devocionais.

A ilusão da imortalidade está sempre acompanhada de uma fixação à realidade como se ela fosse imutável. Naturalmente, sentimos que as nossas identidades pessoais são relativamente estáveis, embora a nossa mente e o nosso corpo estejam em um constante estado de fluxo. Percebemos que as emoções se alteram, os pensamentos mudam, as opiniões flutuam e os nossos corpos parecem diferentes a cada momento, mas acreditamos que o "eu" que experiencia essas mudanças permanece essencialmente o mesmo.

Aderindo a essa crença deludida em um ego imutável, ignoramos o fato de que a natureza de todos os seres é impermanente; a de nossos relacionamentos e circunstâncias pessoais também. Tudo está sujeito a mudanças. As mudanças sutis em nosso ambiente também podem passar despercebidas. Por operarmos com essa fantasia de imutabilidade tão profundamente enraizada, somos vulneráveis a qualquer mudança drástica que possa exigir a nossa atenção: a morte de um ente querido, a perda de dinheiro, a descoberta de que estamos gravemente doentes, e assim por diante. É bem provável que essas mudanças nos lancem em uma grande turbulência emocional, pois a nossa ilusão de segurança cuidadosamente cultivada e baseada em uma estabilidade imaginária é subitamente ameaçada.

Com essa fantasia de segurança, tentamos manter a nossa própria morte a uma distância segura pensando: "Eu vou morrer, mas não tão cedo a ponto de afetar a maneira como eu vivo agora". Mesmo sustentando essa convicção, pode ser que ainda sintamos um impulso de praticar o *Dharma*, se soubermos que essa opção existe; mas adiamos a prática mais intensa para algum momento indefinido no futuro, quando não estivermos mais tão ocupados.

Enquanto ignorarmos a inevitabilidade da nossa morte e a absoluta incerteza do momento em que ela ocorrerá, nos sentiremos livres para ceder a conversas inúteis e para nos preocupar com comida, bebida e outros prazeres. Surge um forte anseio por aquisições materiais e prestígio, e tornamo-nos enfurecidos quando nos deparamos com obstáculos. Assim, a ignorância, o orgulho, o ciúme e outras aflições causadas por essa negação dominam as nossas mentes implacavelmente; e isso incita comportamentos que nos trazem mais sofrimento no futuro próximo e no distante.

Os resultados de cultivar a consciência da morte

Cultivar a consciência da impermanência e da morte é crucial para descartar as oito preocupações mundanas e para acessar o *Dharma*. Por essa razão, o Buda afirmou que a realização da impermanência e da morte é a maior entre todas as realizações.

Com essa consciência, ocorre uma mudança radical na visão que temos sobre a vida e sobre as nossas prioridades. Reconhecendo que inevitavelmente iremos nos separar dos entes queridos e de tudo que possuímos, o apego a eles diminui; e a preocupação com o ganho material, reconhecimento e prestígio esvoaça como palha ao vento. Tendo deixado de lado essas preocupações mundanas, estamos definitivamente prontos para praticar o *Dharma* com sinceridade e entusiasmo. A consciência da morte é vital em todos os estágios da prática espiritual devido ao seu impacto poderoso sobre a forma como conduzimos as nossas vidas.

Imagine começar um relacionamento próximo com outra pessoa, mantendo a plena consciência de nossa própria morte e da morte da outra pessoa. Isso certamente mudaria a relação. A verdade é que, assim que dois indivíduos se encontram, a separação é inevitável. A esse respeito, Śāntideva nos diz:

> Deixando tudo para trás, devo partir sozinho.
> Mas não sabendo disso, me envolvi
> Em várias ações não virtuosas
> Por causa de amigos e inimigos.
> Mas os meus inimigos deixarão de existir,
> Os amigos desaparecerão,
> E eu também perecerei.
> Da mesma forma, tudo deixará de existir[4].

O reconhecimento da impermanência pode evitar uma grande dose de ansiedade e tristeza que surge do apego e da insistência em que as condições agradáveis permaneçam como estão. Essa consciência encoraja a leveza, impedindo que nos agarraremos demasiadamente a posses, *status* e assim por diante.

O despertar para a realidade da própria morte pode levar a resultados muito distintos para cada pessoa. Se isso ocorrer com alguém sem consciência espiritual, poderá muito bem levar a um hedonismo intenso e a um apego frenético. Quando essa realização

---

4 *Bodhicaryāvatāra*, cap. 2, vs. 34-35.

ocorre a alguém cuja vida é consumida por trivialidades, ela apenas enfatiza a falta de sentido da sua própria condição.

Mas se a mesma realização ocorre a alguém espiritualmente consciente, produz um enriquecimento da mente. Repentinamente, ela reconhecerá que seu corpo é um empréstimo, e que todos os seus relacionamentos com outras pessoas são temporários. Essa visão sobre a inevitabilidade da morte e sobre o fato de que ela pode vir a qualquer momento, faz com que ela se pergunte: "Como posso fazer com que esta vida humana e as minhas relações com os outros sejam as mais significativas possíveis?"

Se observarmos a mente e descobrirmos que ela é dominada pelo ressentimento, desejo egoísta, inveja, vaidade e outras distorções, e se virmos que nossas vidas são permeadas por comportamentos não virtuosos, então o medo da morte é justificado. Uma vida não virtuosa e aflita provavelmente levará a uma morte não virtuosa e aflita; e se a experiência individual prosseguir após a morte, então a não virtude naturalmente prosseguirá também. Temer a morte em si não faz sentido – por que ter medo de algo que é inevitável? Mas o medo de uma morte não virtuosa pode ser útil, pois pode impelir-nos a melhorar a qualidade da nossa vida e, consequentemente, evitar uma morte dominada pelo medo.

Essa ansiedade a respeito da morte pode ser comparada ao medo sentido por uma pessoa que ingeriu um veneno para o qual existe um antídoto conhecido e disponível. Uma resposta útil, motivada pelo medo, seria a de encontrar o antídoto o mais rapidamente possível. Uma reação ridícula a essa descoberta seria rejeitá-la como mórbida e buscar alguma forma fútil de distração.

Se não houvesse nada que pudesse ser feito para alterar a natureza da experiência da morte e do pós-morte, teríamos de aceitá-la como inevitável. No entanto, embora a morte em si não possa ser evitada, a natureza da experiência da morte e do que se segue pode ser transformada. A experiência pode ser sofrida e árida, ou pode ser feliz e gratificante. A visão budista é simples: comportamentos não virtuosos levam ao sofrimento; comportamentos virtuosos levam à alegria.

Há um ditado na tradição budista tibetana que diz: É melhor temer a morte agora e morrer sem medo, do que evitar o medo da morte agora e morrer com terror. Se tivermos consciência de que é possível levar uma vida significativa no *Dharma* e ainda assim deixarmos de fazê-lo, a nossa própria morte provavelmente será experienciada com remorso. Nos momentos finais, compreenderemos que a nossa vida não passou de uma série de atividades sem sentido, que não levou a nada além do sofrimento, e que a oportunidade de transformá-la foi perdida.

Cultivando a consciência da morte

Como podemos cultivar a consciência da morte, para revigorar e purificar a prática do *Dharma*? Isso pode ser feito por meio de uma sequência de meditações discursivas. O primeiro tema da meditação é refletir sobre a inevitabilidade da nossa própria morte. Podemos reconhecer isso rapidamente em um âmbito puramente intelectual, mas é preciso tempo para deixar que o significado pleno dessa realidade seja absorvido. Quando vemos ou ouvimos falar sobre a morte de outra pessoa, temos a tendência de assumir o papel de espectador, como se a morte chegasse apenas para os outros.

Isso me faz lembrar uma história que ouvi sobre um aborígine na Austrália que cometeu um crime e foi condenado à morte por enforcamento. Quando soube de sua punição, o aborígene ficou atordoado e defendeu-se com as autoridades, "Vocês não podem me enforcar! Enforcamento é coisa para pessoas brancas – elas sim estão acostumadas a isso!" Não é verdade que de maneira semiconsciente acreditamos que "A morte é para outras pessoas – os velhos, os doentes, os pobres – eles sim é que estão acostumados a isso"?

Cada um de nós irá se encontrar com a morte. Podemos fazê-lo com coragem ou com ansiedade. A experiência da morte pode ser dolorosa ou divertida, profunda ou trivial. Seja como for a nossa experiência, ela certamente ocorrerá, quer sintamos estar prontos ou não. Mesmo que desfrutemos de uma vida longa, chegará um momento em que o corpo simplesmente estará exaurido. O coração começará a falhar, os rins não funcionarão mais, a circulação ficará complicada e a respiração ocorrerá com muita dificuldade. Poderemos ir aos melhores médicos do mundo, receber o melhor tratamento médico que a tecnologia tenha para oferecer, ter muito cuidado com a dieta e fazer exercícios físicos; mas, no final, não haverá nada mais que possamos fazer. Nosso tempo terá chegado ao fim. Até mesmo os maiores indivíduos da história – incluindo aqueles de grande realização espiritual – morreram. Assim, também, cada um de nós irá se encontrar com a morte.

A morte não é apenas inevitável, como também a cada segundo a nossa vida está se esgotando. Nossos dias estão contados, e esse número começou a diminuir desde o momento em que fomos concebidos. Não há pausa nesse movimento, e não haverá maneira de voltar o relógio quando percebermos que desperdiçamos esse precioso tempo.

O segundo tema para a meditação sobre a morte é o mais potente: o momento da nossa morte é absolutamente incerto. Algumas pessoas morrem ainda no ventre de suas mães, algumas morrem ao nascer, outras na infância ou na juventude, outras no auge da vida, e outras ainda na velhice. O mundo oferece inumeráveis situações que podem resultar em morte imediata, e, portanto, nossas vidas podem chegar ao fim enquanto ainda desfrutamos de excelente saúde, grande prosperidade e suposta segurança.

Esse ponto pode ser bem ilustrado por um relato que ouvi recentemente sobre uma mulher relativamente jovem. Em uma sexta-feira, ela começou a se sentir mal, e na noite seguinte procurou a emergência de um hospital com uma tosse. Disseram-lhe para ir para casa e descansar. Sentindo-se pior no dia seguinte, ela voltou, mas mandaram-na para casa com antibióticos. No domingo, ela retornou uma terceira vez, e foi internada. Na quarta-feira daquela semana, ela morreu devido a uma pneumonia estafilocócica que havia devorado seus pulmões. Ela tinha trinta e cinco anos, e até pouco antes de sua morte, parecia perfeitamente saudável.

A tecnologia moderna tem encontrado maneiras de combater uma série de doenças, mas também reforçou o poder de muitos de seus antigos inimigos. Além disso, temos agora um ambiente muito poluído, que torna cada vez mais perigoso respirar, beber água ou ingerir alimentos. Continuamos a perturbar o equilíbrio das raras condições que possibilitam a vida humana em nosso planeta, e assim, tornamo-nos cada vez mais vulneráveis à morte prematura. O corpo humano, embora seja extraordinariamente resiliente sob alguns aspectos, também é extremamente frágil. A possibilidade da morte nunca está distante.

Como podemos manter a consciência da morte iminente e permanecer engajados no mundo, trabalhando, cuidando da família, e assim por diante? A consciência da morte, quando é habilmente introduzida na vida diária, não sobrecarrega as nossas mentes com pensamentos mórbidos e não nos impede de levar uma vida saudável. Ela, no entanto, faz com que os ventos parem de soprar o veleiro das oito preocupações mundanas. Ela nos dá leveza, e assim não nos afundamos na ansiedade e na frustração com respeito às pequenas vicissitudes da vida diária.

O terceiro e último tema destas meditações levanta a seguinte questão: O que tem real valor quando estamos face a face com a morte? Ao longo de nossas vidas, valorizamos as amizades, os vínculos familiares, os romances, as posses e as memórias agradáveis. Mas cada um de nós faz a passagem pela morte sozinho, e todos os entes queridos, pertences, e lembranças prazerosas são deixados para trás. Quer tenhamos tido uma vida agradável ou miserável, a morte nos separará de tudo o que nos trouxe alegria ou tristeza. Com a deterioração da atividade neural durante o processo do morrer, até mesmo os pensamentos e emoções desaparecem. O que, então, face à morte é significativo e valioso? Apenas o *Dharma* será de benefício nesse momento.

O *Dharma* é muitas vezes definido como sendo aquilo que é verdadeiramente de benefício no momento da morte. Esse não seria o caso se a morte significasse a total aniquilação do indivíduo e de toda a experiência. Mas o Buda e muitos outros contemplativos constataram que há uma continuidade da consciência para além da morte. Essa continuidade não depende de nenhum sistema de crenças do indivíduo. Acreditemos ou não, a extinção final da consciência individual na morte não ocorre.

Essa consciência contínua não é um fluxo anônimo de consciência bruta. Em vez disso, ela carrega inúmeras impressões de experiências passadas de cada indivíduo, bem como as características pessoais e padrões de comportamento. Se esse fluxo de consciência for fortemente carregado com marcas de distorções mentais e de comportamento não virtuoso, a morte é seguida de sofrimento. Impressões virtuosas, por outro lado, amadurecem na forma de experiências de alegria e de contentamento. Assim, a única coisa que prossegue após a morte é o nosso fluxo de consciência carregado de impressões, e é o *Dharma* que cria as causas para essas impressões terem natureza benéfica. A vida desprovida de *Dharma* traz insatisfação aqui e agora, e leva ao sofrimento em vidas futuras.

A meditação sobre a morte pode transformar as nossas vidas. Alguns de nós podemos ter tido a sorte de já termos esbarrado com a morte, um evento que pode muitas vezes revigorar a nossa prática do *Dharma*. Isso aconteceu comigo quando eu tinha vinte e três anos de idade. Alguns anos antes, eu estava estudando tibetano em uma universidade na Alemanha, com planos de ir para a Índia para aprender o budismo tibetano com os lamas que ali viviam como refugiados. Mas um amigo me advertiu a não ir. Ele havia visto um mapa mundial pintado de várias cores correspondentes aos tipos de doenças prevalentes em cada região; e o colorido mapa da Índia era verdadeiramente psicodélico. Mas eu estava determinado a ir, e durante a minha estadia de quatro anos, eu experimentei uma colorida variedade de doenças. O meu segundo ano na Índia foi quase o meu último, porque uma combinação de icterícia, desnutrição e parasitose quase pôs fim à minha vida.

Eu estava vivendo em um monastério tibetano, sem acesso a qualquer assistência hospitalar, embora recebesse medicação tibetana. Havia trinta monges no mosteiro, dois deles meus colegas de quarto, e todos nós vivíamos praticamente no grau de subsistência. Vendo que tudo o que poderia ser feito por mim já havia sido feito, meus companheiros monges continuaram suas atividades diárias de práticas devocionais e estudos. Parecia muito estranho para mim que a vida deles seguisse como de costume, enquanto eu estava evidentemente morrendo. Eles sempre me perguntavam como eu me sentia, mas era difícil responder. O que eu poderia dizer: "Eu estou morrendo, e você, como vai?" Parecia óbvio que a vida iria seguir, mas não haveria nenhum lugar para mim. Os meus amigos e a minha família sentiriam minha falta, mas a memória iria gradualmente desaparecer e eu seria esquecido.

Antes dessa experiência, eu pensava ocasionalmente que, já que um dia eu teria de morrer, seria bom que fosse durante o sono. Era uma fantasia agradável ser levado sem dor do sono para uma outra espécie de sono. Mas quando a minha saúde se deteriorou rapidamente, essa perspectiva perdeu todo o encanto. Em três ou quatro noites sucessivas, eu fui dormir sabendo que eu poderia nunca mais acordar, e, durante uma dessas noites, a fase inicial da morte, de acordo com a tradição budista tibetana, de fato começou. Mas, graças à intervenção de um médico tibetano e um homem santo tibetano, eu saí daquela situação, minha saúde melhorou e eu me recuperei. Cheguei muito perto de morrer, e essa possibilidade me encheu de angústia, porque eu estava insatisfeito com a qualidade da minha prática do *Dharma*. Quando comecei a me recuperar, chegou um momento em que eu já não sentia que estava prestes a morrer. Mas eu realmente compreendi que a morte não havia sido evitada, apenas adiada.

Cultivar a consciência da morte age como um potente estimulante para a prática do *Dharma*, e é o melhor antídoto contra a sedução das oito preocupações mundanas. A meditação sobre a impermanência e sobre a morte não é nem agradável e nem tranquila, e também não tem o atrativo de ser esotérica ou mística. No entanto, ela é necessária para combater a ilusão da imortalidade e seus muitos efeitos prejudiciais. Pode ser fascinante e gratificante observar como a consciência da morte elimina completamente apegos, arrependimentos e ressentimentos triviais. Além disso, essa consciência cria espaço para o *Dharma* em nossas próprias vidas, para cultivarmos um modo de vida que produza a satisfação profunda e duradoura que tanto temos buscado.

3

Morte: sem saída

Premissas comuns a respeito da morte

Nossas crenças sobre a morte estão intimamente relacionadas com o senso de identidade pessoal. Por exemplo, nós naturalmente nos identificamos com os nossos corpos. Quando olhamos no espelho, sentimos que estamos olhando para nós mesmos, uma crença que conduz muitas pessoas a fazerem grandes esforços para melhorar a aparência que mostram ao mundo. Da mesma forma, identificamos os outros como sendo seus corpos, e isso pode contribuir para a nossa inquietação ou medo ao vermos um cadáver – o corpo está lá, mas a pessoa não. Filosoficamente podemos então concluir que uma pessoa é apenas um corpo vivo e consciente. Partindo dessa premissa, de que a vida e a consciência são apenas atributos produzidos pelo organismo físico, conclui-se que a morte extingue a pessoa; restam apenas carne e osso em decomposição.

É importante reconhecer que essa hipótese é anterior ao surgimento da ciência. Embora muitos cientistas modernos adotem esse ponto de vista, ele nunca foi verificado por meios científicos. Na verdade, grande parte das pesquisas em biologia, por exemplo, é conduzida com base nesse pressuposto, sem nunca questioná-lo. A crença de que os eventos puramente físicos são inteiramente responsáveis pelo surgimento da vida e da consciência está tão profundamente enraizada na ciência moderna, que tornou-se praticamente uma espécie de doutrina científica.

Nós olhamos para o mundo através dos sentidos, e percebemos cores, sons, cheiros, gostos e sensações táteis. Todas essas sensações são subjetivas já que existem apenas em relação aos nossos sentidos. O que é que está realmente lá fora, no mundo objetivo, independente das nossas percepções? O materialismo científico contemporâneo afirma que a realidade objetiva é composta inteiramente de matéria e energia, e que a realidade tem sido assim desde a origem do universo.

Nesse sistema científico, a consciência é uma propriedade emergente do sistema nervoso, e o sistema nervoso é composto inteiramente de matéria e energia. O materialismo científico oferece um relato bastante plausível da evolução a partir de átomos e energia até o surgimento da mente humana. Essa teoria afirma que em algum momento no início da história do cosmos (se aceitarmos a Teoria do *Big-Bang*), átomos se agruparam em moléculas. Essas moléculas possuíam novas propriedades. Uma molécula de H_2O, por exemplo, têm qualidades que não são encontradas em nenhum dos seus componentes atômicos de hidrogênio e oxigênio, nem individual e nem coletivamente. Tomemos algumas de suas propriedades óbvias – a água congela a zero grau Celsius, é líquida a vinte graus, e os sais dissolvem-se nela. Esses atributos, que não são encontrados nos átomos individuais que compõem a molécula da água, são, portanto chamados de propriedades emergentes dessas moléculas.

Essa teoria afirma também que, durante a evolução do cosmos, foram criadas moléculas cada vez mais complexas, como os aminoácidos e o DNA. Estas também eram simplesmente configurações de matéria e energia, mas exibiam propriedades emergentes exclusivas, devido às suas organizações complexas. As moléculas orgânicas combinaram-se então para formar organismos unicelulares, bem como o vírus, que não pode ser classificado com certeza nem como vivo e nem como não vivo. No caso dos organismos unicelulares, a vida emergiu como uma propriedade das moléculas que compõem a célula. Por fim, as primeiras células com um sistema neural como a hidra, por exemplo, evoluíram, e a partir desse ponto, podemos falar de uma consciência primitiva como propriedade emergente. A teoria conclui que a consciência humana, com toda a sua complexidade, é meramente uma propriedade emergente de uma configuração muito mais sofisticada de matéria e energia, o corpo humano, que evoluiu de acordo com as leis da ciência natural.

Agora vamos voltar à molécula de água. Se a configuração dos seus átomos individuais for destruída e os átomos se separarem, as propriedades únicas da molécula não irão para lugar algum. Elas simplesmente desaparecem, uma vez que a organização de matéria e energia a partir da qual surgiram não está mais presente. Isso é igualmente verdade, de acordo com o materialismo científico, com respeito à consciência humana ou qualquer outra, já que é também uma propriedade emergente.

Quando o sistema neural deixa de funcionar, dizem os materialistas, a consciência desaparece sem deixar vestígios. As implicações desse ponto de vista a respeito da natureza da morte são claras: a consciência individual desaparece, e resta apenas uma configuração de matéria e energia em decomposição.

A ciência é objetiva?

A teoria acima é plausível e inteligentemente concebida. Seus proponentes continuam a insistir, no entanto, que ela é verdadeira e que as teorias incompatíveis são "não científicas" (termo que é muitas vezes usado como sinônimo de "irracional").

Se formos adotar essa teoria como objetivamente verdadeira, devemos ter uma boa compreensão do que se entende por energia e matéria. Mas aqui, nos deparamos com problemas. O físico Richard Feynman, ganhador do Prêmio Nobel, afirma que a ciência moderna não tem noção do que seja energia. E embora os cientistas acreditem quase unanimemente na existência de átomos, as suas opiniões sobre o que é um átomo variam muito. Alguns físicos notáveis acreditam que sejam meras propriedades do espaço, outros afirmam que são conjuntos de relações, e outros ainda, incluindo o notável físico Werner Heisenberg, negam que sejam coisas materiais.

Particularmente quando nos aventuramos no domínio da mecânica quântica, nos deparamos com declarações dos físicos mais importantes de que, não apenas a energia, mas toda a matriz de partículas elementares, são simplesmente constructos das nossas teorias. Assim, o físico John Gribbin sugere até mesmo que as partículas subatômicas não existiam antes de serem observadas neste século.

Alguns cientistas reconhecem que as teorias físicas são criadas pela mente humana, e que as observações das partículas elementares são funções da consciência humana. Assim, com base na física moderna, a hipótese aparentemente ultrapassada de que o mundo físico que experienciamos é uma propriedade emergente da consciência parece ser, pelo menos, tão plausível quanto o ponto de vista oposto, do materialismo científico. Essa situação cria problemas de circularidade. Quando partículas de energia e matéria são estabelecidas por alguns físicos como sendo constructos da mente humana, parece estranho, por exemplo, sustentar ao mesmo tempo a afirmação de que a mente seja um mero subproduto dessas mesmas entidades físicas. Essas questões, que atingem os fundamentos da física e da ciência como um todo, clamam por uma maior compreensão sobre a natureza da consciência. A maneira materialista de reduzi-la a um subproduto acidental de matéria e energia não oferece nenhum caminho para se chegar a essa compreensão. Essa questão é vital para se compreender o universo animado e inanimado.

Quando se trata de compreender átomos, energia ou outros fenômenos naturais, os cientistas criam teorias que esclarecem os eventos observados e os tornam previsíveis. Graças a essas teorias, os fenômenos surgem não como eventos aleatórios, mas como eventos que seguem leis naturais. No entanto, é bem conhecido entre os físicos – embora não amplamente divulgado para o público leigo – o fato de que duas ou mais teorias podem ter o mesmo poder explicativo e preditivo e, ainda assim, ser incompatíveis. Isso não deve nos impedir de criar teorias mais abrangentes, mas deve nos levar a questionar quais de nossas teorias, se houver, são de fato verdadeiras em qualquer sentido puramente objetivo[5].

A conservação da consciência

Embora a discussão acima possa parecer um longo desvio do tema anunciado sobre a natureza da morte, ela é diretamente relevante para a compreensão da natureza da consciência, que por sua vez é fundamental para a compreensão budista da morte e das suas consequências. Os budistas acreditam que existe uma continuidade da consciência individual após a morte, e que essa consciência, ao final, se une a um novo corpo. Dessa forma, renascemos após a morte, e cada vida sucede uma anterior.

Nem na ciência ocidental e nem nas escrituras religiosas ocidentais temos uma teoria tão convincente sobre a origem e a natureza da consciência. Se é fato que o budismo tem algo a

---

5 Para uma discussão mais detalhada sobre as questões acima, cf. o livro de minha autoria: *Choosing Reality*: A Contemplative View of Physics and the Mind. Boston: Shambala, 1989.

oferecer à civilização ocidental, certamente é a profunda compreensão da mente. O budismo apresenta muitas teorias sobre o funcionamento e potencialidades da consciência humana que podem ser testadas empiricamente. Se essas teorias forem finalmente refutadas por meios científicos, o coração da visão de mundo budista estará minado. Por outro lado, se muitas dessas hipóteses forem confirmadas por investigação empírica, profunda e confiável, é possível que precisemos alterar radicalmente a nossa interpretação do conhecimento científico e religioso.

Vejamos agora como a teoria budista da consciência explica a morte. Podemos começar por uma analogia. O princípio central da física moderna é a conservação da massa-energia. Isso significa que a matéria e a energia podem sofrer inumeráveis transformações – de sólido para líquido, de líquido para gás, de energia térmica a eletromagnética, e assim por diante – mas nenhuma quantidade de massa-energia se perde. E nunca nenhuma forma de matéria ou energia surge do nada.

No pensamento budista, encontramos uma teoria semelhante sobre a conservação da consciência. Afirma-se que o contínuo de consciência de um indivíduo sofre inúmeras mudanças – do estado de vigília para o sono profundo, deste para o sonho, da turbulência emocional para a serenidade, e assim por diante – mas a consciência nunca desaparece. E consciência nunca surge do nada.

A visão budista é de que massa-energia não se transforma em consciência, e nem consciência desaparece em massa-energia. Massa-energia conservam-se como massa-energia, e os eventos mentais, incluindo a consciência, conservam-se como eventos mentais. Portanto, essa teoria refuta a crença de que a consciência original evoluiu a partir de massa-energia como uma propriedade emergente. Ela também nega que a consciência de um feto surge exclusivamente a partir das condições físicas que produziram o seu corpo. E, finalmente, se opõe à visão de que a consciência desaparece com a morte. No que diz respeito à consciência, a teoria budista é compatível com muitas das evidências científicas sobre cosmologia, embriologia e morte. No entanto, está em oposição à interpretação materialista dessa evidência.

De acordo com a teoria budista da conservação dos eventos mentais, algumas formas de consciência são manifestas, enquanto outras são latentes. Por exemplo, quando você está irritado com alguma coisa, o evento mental da raiva está manifesta, mas quando você se acalma, a raiva se torna latente. Quando você presencia um belo pôr do sol, a consciência dele está manifesta, mas depois, essa consciência torna-se latente. No estado de sonho, tanto a consciência de vigília (incluindo a percepção sensorial) quanto a consciência de sono profundo estão latentes; no estado de vigília, a consciência de sonho e de sono profundo estão dormentes; e durante o sono profundo, a consciência de sonho e de estado de vigília estão latentes.

As impressões latentes de aflições mentais, percepções sensoriais, diferentes estados de consciência, e assim por diante permanecem dormentes até que surjam as condições apropriadas para despertá-las e torná-las manifestas. Todos esses eventos mentais podem ser radicalmente transmutados, o que permite que a mente se torne completamente livre de todas as aflições; mas ao longo de todas essas transformações, o princípio da conservação da consciência se mantém.

O budismo afirma que todos os fenômenos naturais, incluindo, é claro, os eventos mentais, surgem na dependência de dois tipos de causas: causas substanciais e condições auxiliares. A causa substancial de um broto de trigo, por exemplo, é o grão de trigo a partir do qual ele cresce. Esse grão transforma-se no broto e sua estrutura molecular determina que será um broto de trigo e não, digamos, de milho. Muitas outras condições, incluindo padrões meteorológicos, temperatura, e os métodos de cultivo podem contribuir para o crescimento do broto; mas eles não agem como causa dominante e substancial do grão.

Eventos físicos resultam de causas substanciais físicas, mas suas condições auxiliares podem incluir eventos físicos e mentais. A cultura de trigo pode ter sido semeada, por exemplo, por causa da intenção de um fazendeiro, e pode ter sido irrigada por causa de seu desejo de ter uma colheita rentável. Intenção e desejo são claramente eventos mentais e podem ser fundamentais para o crescimento de um campo de trigo.

Eventos mentais surgem apenas de causas substanciais mentais, mas suas condições auxiliares podem incluir eventos físicos e mentais. Aminoácidos, DNA, processos neurológicos, dieta e condições ambientais são todos eventos físicos que podem contribuir para o surgimento de estados de consciência. Mas quem desempenha o papel dominante e substancial são as funções mentais precedentes e as impressões latentes.

Neste ponto, pode parecer que o budismo nos conduziu a uma dicotomia absoluta entre mente e matéria. É verdade que esta teoria budista se recusa a subordinar a mente à matéria e a matéria à mente; mas difere categoricamente do tipo de dicotomia imaginado, por exemplo, por Descartes.

De acordo com o budismo, a consciência é considerada um evento, ou um *continuum* de eventos, e não algo que se desloca no tempo. A energia também pode ser melhor entendida como um evento; até mesmo a matéria, que nos parece tão sólida, dissolve-se em uma matriz de eventos quando é examinada de perto. Assim, o budismo não defende que o domínio mental seja tão real e tangível quanto o mundo físico parece ser. Em vez disso, afirma que a aparência substancial do mundo das coisas físicas é enganosa, e que os fenômenos físicos e mentais são melhor compreendidos como eventos interdependentes. Isso implica que nenhum fenômeno existe como uma identidade intrínseca, independente, porque cada fenômeno depende de outros. No budismo este é um conceito-chave, que será discutido mais adiante.

Morte: um outro começo

O que essa teoria diz sobre a morte que cada um de nós experiencia? Ela diz que a morte não nos oferece uma saída para escaparmos das alegrias e tristezas, prazeres e tribulações da existência.

Durante o processo de morte, o corpo perde sua capacidade de sustentar a consciência humana. As várias faculdades sensoriais, emoções e pensamentos retraem-se a um estado latente, e surge um estado de consciência mais simples e sem modificações. Quando a consciência é assim reduzida ao seu estado primordial, livre de conceituação, pode ocorrer uma experiência transcendente da realidade última, se a pessoa estiver devidamente preparada para esse evento. Caso contrário, ela simplesmente experimentará uma breve sensação de espacialidade que será rapidamente eclipsada por vários tipos de experiências imagéticas.

Na morte, o fluxo de consciência que deixa o corpo não é mais humano, embora porte uma vasta gama de impressões latentes da vida que acabou de se encerrar, bem como de vidas anteriores. Essas impressões são responsáveis pelo tipo de experiência que a pessoa terá durante o período intermediário, depois da morte e antes da próxima vida.

Quando essa fase se encerrar, se a pessoa estiver prestes a ter mais um renascimento humano, o fluxo de consciência se conjugará às substâncias regeneradoras de seus pais durante ou após a união sexual, e a concepção ocorrerá. Durante o desenvolvimento do feto, essa consciência assumirá as funções e os atributos da consciência humana, ou seja, as impressões latentes de emoções, pensamentos e outros eventos mentais humanos serão ativados.

Essas três fases – morte, período intermediário e concepção – são semelhantes aos três estados de sono profundo, sonho e vigília. Compreendendo isso, os contemplativos tibetanos tiram o máximo proveito desses estados que ocorrem no sono, praticando técnicas como a ioga dos sonhos e outras meditações em que a consciência se retrai gradualmente, como ocorre durante o processo de morte. Nessas práticas, coloca-se grande ênfase na experiência do estado de clara luz, ou consciência primordial, que normalmente se manifesta pouco antes da morte. Essa realização traz enormes vantagens, porque ajuda o iogue a superar aflições mentais e obscurecimentos, e isso leva à capacidade de escolher livremente o próximo renascimento.

Os budistas acreditam que o tipo de morte, período intermediário e renascimento que experienciamos é determinado pela forma como conduzimos as nossas vidas. Cada um dos nossos atos deixam impressões no fluxo mental. Atos não virtuosos levam ao sofrimento, atos virtuosos levam à felicidade e à realização. Na morte, o *continuum* mental que cultivou o *Dharma* profundamente, geralmente, inicia o próximo renascimento dotado de um grau de maturidade espiritual semelhante ao da existência anterior. Dessa forma, o caminho do *Dharma* segue de uma vida para outra e culmina na perfeição do completo despertar espiritual, em que se alcança a liberação definitiva de todas as aflições e obscurecimentos.

4

O espírito do despertar

A sede de certeza

A teoria budista da continuidade da consciência pode ser considerada plausível, mas não conclusiva. Podemos desviar do desconfortável tema da morte pensando: "Afinal, quem realmente sabe o que acontece? Os budistas têm o seu ponto de vista, os cristãos têm o deles, e os materialistas têm ainda outras teorias. Vou descobrir o que acontece na morte quando ela chegar".

Essa visão cética e cautelosa tem sua lógica, e ainda assim é imperfeita, porque não é assim que agimos em outras áreas da vida. Todos nós nos envolvemos em muitas atividades, buscando a felicidade e desejando evitar o sofrimento, mas quantas vezes temos absoluta certeza de que nossos esforços nos trarão a satisfação que desejamos? A vida está saturada de incerteza. Enquanto buscamos estudar, encontrar um emprego, casar, cuidar dos filhos e fazer um plano para ter segurança econômica no futuro, estamos sempre lidando com incógnitas. E, ainda assim, avançamos baseados no nosso melhor julgamento e intuição. Nós também usamos o nosso melhor julgamento sobre outras pessoas, instituições, sobre o futuro individual e nacional, e sobre o mundo em geral, incluindo as questões espirituais. Em nenhuma dessas áreas temos qualquer garantia de que as nossas crenças são válidas, mas ainda assim agimos com base nelas. Caso contrário, não seríamos capazes de tomar decisões e nem de agir.

Já que os nossos planos de vida são baseados no melhor julgamento, a conclusão deveria ser clara: se fazemos planos para a velhice, é ainda mais razoável planejar a morte, uma vez que não temos certeza de que chegaremos à velhice. É quase como o risco de um investimento: se a consciência de fato continua após a morte, e se as ações presentes determinam a forma como morreremos e como viveremos em vidas futuras, agir como se a reencarnação fosse uma hipótese verdadeira é da maior importância para nós, e pode ter um profundo impacto sobre nossas vidas.

Se, por outro lado, acreditarmos que seremos aniquilados quando morrermos, isso também terá uma profunda influência sobre a maneira como vivemos. Se não tivermos refletido seriamente sobre a morte e sobre a natureza da consciência, é provável que estejamos vivendo como se esta vida fosse a única que teremos. No entanto, se essa crença materialista estiver incorreta, a influência em nós será seguramente desfavorável. Viveremos em perigo se não estivermos nos preparando para as vidas futuras, e perigos não desaparecem por serem ignorados. Tampouco poderemos viver em segurança tomando a postura agnóstica do "esperar para ver", pois nunca teremos certeza alguma.

A visão materialista de que a consciência é um subproduto acidental da matéria e da energia que desaparece na morte tem muitas implicações relativas à mente. Essa visão fornece pouco incentivo para a busca espiritual, pois os nossos esforços ficam essencialmente limitados pela composição genética e pelo condicionamento cultural e biológico. Além disso, de acordo com essa crença, quaisquer transformações na consciência, ainda que escassas, que pudessem ter sido alcançadas nesta vida, seriam totalmente extintas no momento da morte.

A teoria budista da continuidade da consciência faz uma declaração ousada sobre a morte e também sobre a natureza da mente e do seu papel no universo. Ela afirma que a consciência é um dos componentes fundamentais do universo, não menos essencial do que matéria ou energia, e que os potenciais da consciência são tão impressionantes quanto os de qualquer fenômeno físico. A pergunta "O que significa estar consciente?" assume agora um significado cósmico.

Se, com base nas provas disponíveis, concluirmos hipoteticamente que teremos vidas futuras após esta, uma questão precisará ser colocada: A natureza dessa experiência futura está coerentemente relacionada com o nosso modo de vida presente, ou essa sequência de vidas ocorre aleatoriamente? E se o nosso comportamento presente de fato influencia as nossas vidas futuras, que tipo de comportamento é benéfico ou e qual é prejudicial?

Se partimos em busca de respostas a essas perguntas, seremos surpreendidos por uma profusão de fontes que afirmam deter esse conhecimento, e por uma grande diversidade de explicações. Médiuns, clarividentes, quiromantes, astrólogos, paranormais, místicos, e seres que se autoproclamam iluminados – todos esses e muitos mais se apresentarão para nos oferecer orientação. O Buda certamente alegou ter tido conhecimento experiencial dessas questões como resultado do seu próprio despertar espiritual, e os budistas desde então falam com autoridade com base na experiência contemplativa do Buda e de outros.

As questões que colocamos são muito importantes, mas a maioria de nós dispõe de respostas próprias, ou não sabe como distinguir professores que falam com conhecimento daqueles que estão deludidos ou que são desonestos. Hoje em dia, muitas pessoas que desejam saber sobre suas vidas passadas e futuras procuram médiuns e "gurus" que afirmam ter acesso a esse conhecimento. Algumas vezes recebem respostas supostamente provenientes de uma "fonte canalizada" – entidades cuja existência não pode ser confirmada, e nem tampouco seu grau de conhecimento. Em outros casos, a informação é validada pela própria clarividência ou pela realização mística da pessoa consultada. Na maioria das vezes, não é possível saber a origem, a extensão ou grau de falibilidade desse conhecimento.

O que o Buda ensinou

Os ensinamentos do Buda são incomuns porque explicam extensamente a natureza de sua iluminação e os tipos de disciplinas meditativas que usou para obter seus *insights*. Ele nos deixou um roteiro para a iluminação. Na verdade, sua principal motivação para ensinar era conduzir os outros ao despertar espiritual que ele mesmo vivenciou. As declarações atribuídas ao Buda deixam bem claro que todos os seres sencientes têm a capacidade de se tornar budas, e que suas próprias realizações resultaram da prática do *Dharma* que ele ensinou. Ao longo dos últimos 2.500 anos, os ensinamentos do Buda foram testados experiencialmente por milhares dos maiores sábios da Ásia. Muitos verificaram por si mesmos as palavras do Buda e alcançaram as mesmas realizações.

O Buda falou extensivamente sobre a relação entre as ações e os seus resultados nesta e em vidas futuras. Como ponto de partida, só é possível acreditar nesses ensinamentos por meio da fé. Com fé, podemos imediatamente fazer uso desse conhecimento e nos beneficiar com isso. No entanto, se também desejarmos investigar o assunto por nós mesmos, o Buda mostrou-nos o caminho para treinar a mente e experienciar essas verdades. Essa é uma tarefa muito mais exigente e gradual do que simplesmente adotar uma teoria, mas é também o desafio central da mensagem do Buda.

O Buda ensinou que as ações deixam impressões no nosso fluxo mental, e que essas impressões prosseguem após a morte. Certos tipos de comportamento deixam impressões que, quando estimuladas nesta ou em vidas futuras, resultam em sofrimento. Outros tipos de comportamento amadurecem na forma de um estado de bem-estar. Esses resultados são chamados de *efeitos totalmente amadurecidos da ação*. Se o efeito for doloroso, a ação causal é considerada não virtuosa, e se for prazeroso, a ação é considerada virtuosa. Isso, em suma, é a lei budista do *carma*, que significa ação, e é nesse princípio que a moralidade budista se baseia.

Vale a pena notar que o Buda não criou os "faça" e "não faça" da ética budista; ele observou os resultados de certas ações e relatou. O Buda percebeu que certos tipos de ação geram sofrimento em vidas futuras e se referiu a elas como *ações não virtuosas*. Outras geram felicidade, e a essas ele se referiu como *ações virtuosas*. O processo que faz isso acontecer não é uma força de julgamento distribuindo recompensa e punição, ele disse, mas é simplesmente a lei natural de causa e efeito.

Ao longo das décadas seguintes ao seu despertar, o Buda frequentemente explicou eventos específicos na vida das pessoas que ele encontrava apontando as ações que haviam cometido em vidas anteriores. Ele afirmou que essas explicações não eram especulação ou pressentimento, mas eram baseadas em sua própria percepção das relações que conectam uma vida a outra.

A confiança no Buda e no *Dharma*, na maioria das vezes, surge quando as pessoas realmente vivenciam por si mesmas a validade dos ensinamentos do Buda seguindo o caminho que ele traçou, ou quando aprendem sobre a vida e as qualidades do Buda. Vamos agora examinar brevemente a vida do Buda.

O Buda Siddhãrtha

Na vida em que ele alcançou o despertar espiritual completo, a pessoa que veio a se tornar o Buda nasceu como o filho de um rei, na região que é hoje a fronteira entre Índia e Nepal. Quando o Príncipe Gautama Siddhãrtha nasceu, homens sábios previram que ele estava destinado a se tornar um grande soberano ou, se renunciasse às aspirações mundanas, um ser desperto, ou seja, um buda. Seu pai, com a intenção de ver seu filho se tornar um grande rei, fez tudo que podia para que o príncipe se sentisse completamente satisfeito com a vida no palácio. A criança se tornou um belo jovem, destacando-se em todas as habilidades e artes da realeza, e quando se tornou um jovem rapaz, casou-se com uma linda noiva que logo lhe deu um filho.

Poderíamos dizer que, nesse momento, ele percorria suavemente um caminho de sucesso que o levaria ao poder, à prosperidade e à fama. Mas, apesar da vida luxuosa que seu pai lhe proporcionava, Siddhãrtha, depois de diversas jornadas fora do palácio e de ter verdadeiramente reconhecido o sofrimento pela primeira vez, tornou-se extremamente consciente das realidades universais do envelhecimento, doença e morte. Todo o encantamento que sentia pelos prazeres mundanos rapidamente desapareceu. Um dia, ao observar um mendicante vagueando, ele se inspirou a encontrar uma verdade capaz de libertar os seres, através de uma vida inteiramente dedicada à busca espiritual. Calmamente ele fugiu para longe do palácio e do seu papel de príncipe.

Naquele tempo, a Índia abrigava muitas diferentes filosofias, tradições religiosas e disciplinas meditativas. Siddhãrtha seguiu um caminho sábio: ele procurou um dos mestres mais importantes de meditação que afirmava ter alcançado a liberação. Siddhãrtha, com pouco menos de trinta anos, foi treinado por esse sábio. Para o espanto e prazer de seu mestre, ele rapidamente alcançou estágios extremamente sutis de *samãdhi*, ou absorção meditativa em que o praticante passa por estados de êxtase e segue para o reino da não forma, em que a experiência transcende a alegria e a tristeza.

Quando seu mentor estava convencido de que seu discípulo havia igualado suas próprias realizações, ele o convidou para ensinar junto com ele. Mas, com um profundo *insight*, Siddhārtha viu que a realização que ele tinha atingido oferecia apenas um alívio do descontentamento persistente da existência. A fonte fundamental de insatisfação e de infelicidade ainda não havia sido dissipada.

Então, Siddhārtha graciosamente recusou a oferta do seu mestre e procurou outro contemplativo que fosse ainda mais hábil em purificar e estabilizar a mente. Sob a orientação desse mestre, Siddhārtha logo atingiu graus ainda mais sutis de concentração, igualando os de seu novo mestre; mas ele compreendeu que, em última análise, estes também eram insatisfatórios. Em suma, ele havia alcançado o auge das ciências contemplativas de seu tempo, no que a Índia era possivelmente insuperável, e ainda assim estava insatisfeito.

Sentindo que não havia nada mais a aprender com as técnicas mais sofisticadas de *samādhi*, ele explorou outro caminho importante da prática espiritual – o extremo ascetismo. Depois de mais seis anos após sua partida do palácio, período em que se dedicou a várias austeridades e à mais intensa disciplina física, ele concluiu que essa abordagem servia apenas para enfraquecer o corpo e a mente, tornando-o ainda menos apto para contemplar a natureza da realidade.

Siddhārtha então estabeleceu-se no caminho do meio, entre a vida mundana e o extremo ascetismo. Com sua saúde restaurada, pensou em utilizar um estado vigoroso e lúcido de *samādhi* como instrumento para investigar a realidade. Com essa qualidade de consciência, sua atenção ganhou grande lucidez e estabilidade, permitindo-lhe analisar qualquer objeto com extraordinária clareza. Siddhārtha agora estava confiante de que estava muito próximo de realizar seu desejo. Sentou-se em meditação, e resolveu não se levantar até que estivesse completamente "desperto". Logo no início, ele foi atacado por uma série de forças com a intenção de desviá-lo de sua missão. Agressão, luxúria e outras aflições surgiram para dominá-lo, mas ele permaneceu impassível, e ao final, saiu vitorioso.

Durante o primeiro terço da noite, antes da sua iluminação, Siddhārtha dirigiu sua consciência refinada para a sucessão de vidas anteriores. Ele investigou vidas que teve ao longo de éons, e observou as circunstâncias específicas de cada nascimento, vida e morte. A partir dessa realização, que contemplativos antes dele também haviam experimentado em diferentes graus, ele alcançou uma profunda visão da natureza flutuante e insubstancial da existência cíclica. O apego às preocupações mundanas de uma única vida revelou-se totalmente fútil.

No segundo terço da noite, Siddhārtha explorou as relações entre as ações e seus resultados de uma vida a outra. Ele viu que, na maioria dos casos, os seres sencientes não são capazes de escolher seus renascimentos futuros; ao contrário, eles são inevitavelmente lançados de uma existência para outra pela força das ações anteriores. E com essa realização, brotou uma grande compaixão por todas as criaturas vivas.

Durante o terceiro terço da noite, ele examinou cuidadosamente a verdade do sofrimento, sua origem, sua cessação e suas causas, e o caminho que conduz à cessação. Essas vieram a ser conhecidas como as Quatro Nobres Verdades. Ele também investigou os eventos dependentemente relacionados que perpetuam o ciclo de renascimentos. Ele identificou a ignorância como o primeiro elo nessa sequência de eventos cíclicos, e viu que superar o apego é fundamental para dissipar essa causa raiz de insatisfação.

Ao amanhecer, os últimos obscurecimentos que velavam a mente de Siddhārtha foram dissipados, e ele atingiu o completo despertar da natureza búdica. Ele soube que nunca mais seria forçado a ter outro renascimento; ele estava livre para sempre da existência cíclica e das aflições mentais e obscurecimentos que perpetuam esse ciclo.

Durante todo o resto de sua longa vida, o Buda viajou pela Índia como um simples mendicante, revelando o caminho do despertar para pessoas em todas as condições de vida, de mendigos a reis. Entre os primeiros a serem abençoados por sua iluminação, estavam seu próprio pai, sua ex-mulher e seu filho. A dor que eles haviam sentido quando foram abandonados por Siddhārtha anos antes estava agora incomensuravelmente superada pela alegria da realização espiritual para a qual o Buda os conduziu. Foi pela compaixão por todos os seres vivos que ele, desde o início, se aventurou em sua busca espiritual, e sua vida após o despertar foi incessantemente dedicada ao bem-estar do mundo.

O que é a iluminação?

Na tradição budista existem diferentes interpretações do significado da "onisciência" do Buda. A mais conservadora afirma que para onde quer que a consciência de um buda se dirija, o objeto escolhido poderá ser percebido sem obstrução. Assim, quando o Buda procurava a causa cármica de uma situação presente, o evento causal tornava-se imediatamente evidente para a sua mente, mesmo tendo ocorrido muitos éons atrás. A visão de um buda tampouco pode ser obstruída por objetos materiais. Há muitos relatos sobre a vida do Buda que atestam essas habilidades.

A habilidade do Buda de perceber as inclinações e motivações dos indivíduos também era livre de obstrução, e sua compaixão estendia-se a todas as criaturas, sem discriminação. Com uma bondade ilimitada e inimaginavelmente profunda, ele atendia às necessidades espirituais específicas dos seres sencientes, revelando-lhes o aspecto do *Dharma* que lhes traria o maior benefício.

Algumas vezes, ele percebia que exibir poderes sobrenaturais inspiraria as pessoas a buscar a liberação, e com essa motivação compassiva ele demonstrava uma variedade de feitos maravilhosos. Mas o principal meio pelo qual o Buda servia aos outros era ensinando o *Dharma*, e ele fez isso por mais de quatro décadas após o seu despertar. Até mesmo a sua morte, ou liberação final, serviu como um ensinamento; ele ensinou que até mesmo o corpo de um buda está sujeito à impermanência e, portanto, não há nenhum benefício em apegar-se a essa forma externa.

A essência da mensagem do Buda está contida nas Quatro Nobres Verdades. A primeira delas é a verdade do sofrimento, e o Buda exortou seus seguidores a reconhecê-la. À primeira vista, pode parecer estranho que ele precise nos encorajar a fazer algo que já fazemos. Quem já não sentiu dor e descontentamento? Mas há um significado mais profundo aqui.

O Buda afirmou que todas as experiências de alegria, indiferença e dor são insatisfatórias. Não é fato que até mesmo os maiores prazeres mundanos são contaminados com insatisfação? Quando esses prazeres acabam, não ficamos nos sentindo insatisfeitos e descontentes? Mas, apesar disso, tendemos a nos agarrar aos prazeres da vida, ignorando sua natureza transitória.

O Buda encorajou-nos a superar essa recusa em enfrentar a realidade. Realizar plenamente a natureza insatisfatória da vida na existência cíclica pode ser uma experiência devastadora. Mas também pode abrir o caminho para uma prática autêntica do *Dharma*, e é por isso que o Buda enfatizou a verdade do sofrimento.

O sofrimento que devemos reconhecer inclui não só o tipo de sofrimento que sentimos com a perda de um ente querido, ou quando perdemos o emprego, por exemplo, mas também as condições mais fundamentais da existência humana, ou seja, o envelhecimento, a doença e a morte. Pensar que seremos liberados do sofrimento quando esta vida terminar é mera ilusão – na perspectiva budista há muitas evidências em contrário.

Um dos meus mestres tibetanos, o contemplativo Gen Lamrimpa, me contou suas primeiras reflexões sobre a morte. Quando jovem, ele se perguntava ansiosamente se a morte significava simplesmente a cessação de toda a experiência. Como isso seria reconfortante: a libertação instantânea e sem esforço de toda a angústia desta vida! Mas ele chegou à conclusão de que o assunto era muito importante e que seria necessária uma investigação muito mais aprofundada. Como resultado de muitos anos de estudo e meditação, ele concluiu que, tanto por razões teóricas como empíricas, a visão niilista da morte era insustentável. Esperar pela morte ou apressar-se em direção a ela não é a solução para o problema do sofrimento.

O caminho

O Buda não ofereceu nenhum apoio à visão de que nós, como indivíduos ou como espécie, estamos naturalmente evoluindo em direção à liberação, de vida para vida, quer tentemos ou não. O caminho do *Dharma* requer esforço hábil e consciente. Sem o *Dharma*, o *continuum* mental de cada indivíduo prossegue indefinidamente, passando de uma insatisfação a outra. O Buda não se contentou em alcançar estados de consciência que trouxessem meramente felicidade ou paz temporárias. Ele estava buscando a liberação definitiva do ciclo de existência. E essa foi a sua grande descoberta.

Há duas palavras em sânscrito que foram incorporadas ao idioma inglês, embora muitas vezes seus significados sejam um tanto mal-interpretados. A primeira delas é *samsara*. Muitas pessoas estão familiarizadas com esse termo, embora seja frequentemente utilizado de forma muito imprecisa. Algumas vezes, samsara se refere a todo o universo, mas, ocasionalmente, a palavra é usada para referir-se mais especificamente à civilização humana, ou à cidade, à casa, ao trabalho, ou às condições de vida de alguém.

Nesse contexto, escapar do samsara significaria sair do cosmos, ir para a selva, abandonar o emprego, ou sair de casa.

Apesar de atraente, a verdade é que o samsara, semelhante a uma bagagem indesejada, ainda acompanhará o viajante que "sair", pois o samsara pode ser melhor compreendido como uma condição interna de existência, e não um lugar. Samsara é a condição de estar sujeito ao ciclo de nascimento, envelhecimento, doença e morte, o ciclo de ser lançado de uma vida para outra pela força das próprias distorções mentais e das ações por elas condicionadas.

Nirvana, o segundo desses termos sânscritos, significa liberação definitiva dessa condição de existência samsárica. Isso não significa ser aniquilado ou apagado como uma luz. Com a realização do nirvana, não somos mais lançados a um novo nascimento pela força das distorções mentais e de ações contaminadas.

Portanto, ninguém "vai para" o nirvana; não é um lugar, não é o céu, nem é o nada. Em vez disso, a liberação, ou a realização do nirvana, significa estar finalmente libertado das aflições mentais, da confusão, do apego e do ódio. O medo e a ansiedade, a dor e o descontentamento são eliminados. De acordo com o budismo tibetano, pode-se de fato continuar a renascer, motivado pela compaixão por aqueles que estão presos no samsara, mas esse ato torna-se uma questão de escolha, uma expressão de liberdade, não de escravidão.

O desencantamento com o samsara e o desejo de atingir o nirvana ocorrem após uma longa reflexão sobre a natureza do sofrimento e da existência cíclica. Isso é o que se entende por cultivar o *espírito do despertar*. No entanto, a realização do nirvana normalmente exige mais do que uma única vida de prática espiritual. Provavelmente poucos de nós seremos capazes de completar a tarefa de superar todas as distorções mentais, juntamente com as suas impressões latentes, nesta vida. Assim, para amadurecer espiritualmente vida após vida, até que a liberação seja alcançada, é essencial renascer em circunstâncias propícias à prática do *Dharma*. Podemos criar essas condições para nós mesmos, evitando comportamentos não virtuosos, dedicando-nos ao que é virtuoso, e dedicando nossos esforços à realização da liberação.

Meditar sobre a verdade do sofrimento aplicada a nós mesmos é um meio de cultivar o espírito do despertar. Meditar sobre o sofrimento dos outros leva à compaixão. Se a nossa compreensão da natureza do sofrimento for superficial, qualquer grau de compaixão que sentirmos pelos outros será pouco mais do que sentimentalismo: ela surgirá quando virmos o sofrimento evidente, mas tão logo o sofrimento seja pacificado ou esquecido, a compaixão desaparecerá. Mas conforme o *insight* sobre a verdade do sofrimento se aprofunda, a compaixão surge mesmo em relação àqueles que desfrutam de excelente saúde e prosperidade. Nossa compaixão incluirá todos os seres que estão sujeitos a aflições mentais, todos aqueles que, esforçando-se para atingir a felicidade, criam as condições para a sua própria angústia.

A base da alegria

O budismo é por vezes acusado de ter uma visão de mundo pessimista, e é fato que muitos dos ensinamentos budistas focam as realidades da impermanência e do sofrimento. O Buda foi longe, a ponto de declarar que o que os seres comuns consideram prazer é apenas uma outra forma de sofrimento. Por quê? Porque, devido à natureza transitória, o prazer terá um fim, e quando isso acontecer, nos sentiremos insatisfeitos.

É verdade, então, que toda a experiência no samsara é permeada pelo sofrimento? Será que todos os prazeres mundanos nada mais são do que uma redução temporária do sofrimento? Será que a felicidade mundana não brota de uma fonte autêntica de alegria?

Vamos investigar essas premissas, examinando algo que normalmente consideramos ser prazeroso. Se o estímulo para uma diversão fosse alegre por natureza, o prazer resultante deveria continuar a existir enquanto o estímulo fosse mantido; ou seja, nunca deveria se transformar em tédio. Além disso, o aumento da intensidade ou da quantidade de estímulo deveria produzir um prazer proporcionalmente maior. Podemos afirmar que isso é verdade com relação a prazeres como comer, fazer sexo, acumular grandes somas de dinheiro, possuir muitos bens, sair de férias frequentemente, ter filhos ou estar com os amigos?

Nenhum desses eventos produz prazer invariavelmente; eles estão sujeitos a falhas. Nós nunca podemos contar com eles como fontes de felicidade contínua, e um aumento em quantidade não traz necessariamente mais prazer. Na realidade, a fonte da alegria não é nenhum desses estímulos externos. Ela surge da mente, e a alegria absoluta emerge de uma mente que está livre do sofrimento, das distorções e dos obscurecimentos.

Outra experiência interessante é acalmar a mente temporariamente, libertando-a da distração com estímulos agradáveis e desagradáveis. A estabilização mental tem sido cultivada por milhares de contemplativos ao longo de milhares de anos, e os resultados da calma e da clareza interior têm sido bem documentados: um estado de bem-aventurança sem precedentes surge de uma mente profundamente estável e lúcida. Esse evento já havia sido exaustivamente pesquisado por gerações de contemplativos na época do Buda; e foi esse tipo de prática que de início pareceu mais promissora para o jovem Siddhārtha quando ele partiu em sua busca pelo nirvana.

Mas como Siddhārtha descobriu por si mesmo, a estabilização meditativa por si só produz apenas um alívio temporário do sofrimento, pois não elimina as causas subjacentes da insatisfação. No entanto, essa prática sem dúvida oferece *insights* valiosos sobre as origens do prazer e da dor e é uma valiosa ajuda no caminho do *Dharma*.

5

As raízes do descontentamento

Quando o Buda falou sobre a necessidade de reconhecer o sofrimento, ele estava se referindo a uma ampla gama de sentimentos, desde um vago mal-estar até a dor e a tristeza esmagadora. Ele também se referia a algo ainda mais fundamental: à condição existencial que nos torna vulneráveis à angústia.

Isso leva a uma pergunta básica: Por que afinal estamos sujeitos a sofrer? Por que até mesmo após as experiências mais gratificantes e agradáveis, acabamos voltando a um estado de descontentamento? Se formos capazes de identificar as fontes de descontentamento, seremos capazes de reduzi-las ou até mesmo eliminá-las. Além disso, quando buscamos as raízes do descontentamento, somos confrontados com uma outra pergunta básica: Essas raízes se encontram fora de nós, no ambiente, ou elas residem dentro de nós? Podemos realizar um experimento que lança luz sobre esse assunto. Coloque em isolamento uma pessoa que está em boa saúde física e psicológica. Certifique-se de que o quarto seja confortável e limpo, e de que todas as necessidades físicas, tais como alimentação e higiene pessoal, estejam sendo devidamente atendidas. O único entretenimento autorizado a essa pessoa é o próprio corpo, a mente e o ambiente quieto.

O que acontece com essa pessoa após passar dias, semanas e meses em isolamento? Na maioria dos casos, o indivíduo se torna rapidamente entediado e inquieto, e uma profunda infelicidade se instala. Embora sua mente não esteja sujeita a nenhum estímulo doloroso proveniente do ambiente, ela se torna cada vez mais turbulenta e angustiada. A pessoa se sente frustrada por dar importância a muitas coisas que quer, mas não pode ter, e porque se irrita intensamente com uma série de eventos sem importância, como pequenos ruídos e imperfeições no alimento que é servido.

O budismo diria que essas explosões emocionais não podem de fato ser atribuídas a esses eventos externos irritantes e insignificantes; tampouco decorrem essencialmente desse grau relativo de privação sensorial. Em vez disso, elas se originam de um desequilíbrio da mente, que agora está sendo desmascarado pela ausência de distrações externas.

Não é à toa que o confinamento solitário é uma forma grave de punição dentro das prisões. Isolado das distrações da vida comum na prisão, o prisioneiro é submetido à implacável tortura de sua própria mente. Assim, o Buda declarou:

> A mente com objetivos desvirtuados
> Provoca mais angústia
> Àquele que odeia do que ao odiado,
> Àquele que sente inimizade do que ao inimigo[6].

É evidente que uma cela de prisão não é um ambiente neutro como foi sugerido na experiência acima. Mas contemplativos em retiros longos, muitas vezes se sujeitam a condições muito semelhantes às que foram descritas aqui.

---

6 *The Tibetan Dhammapadha:* Sayings of the Buddha. Londres: Wisdom, 1986, cap. 3, vs. 10 [Trad. de Gareth Sparham].

Pela minha própria experiência e de outros que realizaram retiros longos, percebi que durante os primeiros estágios de isolamento, a mente tende a se tornar repleta de pensamentos e emoções turbulentas. Se o retirante culpar o ambiente pela sua infelicidade – estímulos externos pessoais ou impessoais – ele permanecerá preso a ela. Frustração, ressentimento e raiva compõem uma crescente agonia emocional que diminui apenas com a saída do isolamento e uma mudança de ambiente.

Por outro lado, se o contemplativo em retiro solitário reconhece que a verdadeira origem do sofrimento encontra-se em sua própria mente, ele abre uma porta para libertar-se de suas aflições mentais. Sob orientação hábil e com uma motivação virtuosa, ele pode obter alívio dessas aflições e acessar a fonte insondável de bondade e alegria que reside nas profundezas de sua mente. À medida que isso ocorre, ele começa a experimentar um estado sem precedentes de bem-estar que surge, não de estímulos prazerosos externos, mas de uma mente harmoniosa. Assim, o Buda declarou:

> A mente que tem objetivos aperfeiçoados
> Traz felicidade para o praticante.
> Pais, mães e outros amigos
> Não são a causa de uma felicidade como essa[7].

No decorrer do dia, as distorções de nossas mentes ocasionalmente irrompem com hostilidade dirigida a eventos desagradáveis, e com desejo e apego inquieto por eventos agradáveis. O tumulto conceitual e a agitação emocional que se manifestam de forma tão violenta quando se está em retiro solitário estão apenas encobertos durante a vida socialmente ativa. Por isso, é certamente dentro do domínio mental onde brotam essas aflições que devemos procurar pela fonte do descontentamento.

Como mencionado anteriormente, a tarefa de identificarmos o sofrimento e as suas origens, em toda a sua extensão, e de nos

---

7 Ibid., cap. 3, vs. 11.

libertamos dele para sempre, é considerada o principal desafio no budismo. Estamos interessados em mais do que simplesmente encontrar um maior bem-estar nesta vida: queremos erradicar definitivamente as fontes de descontentamento nesta e em todas as existências futuras.

O Buda declarou que somos lançados na existência condicionada por dois fatores: as distorções mentais e as ações influenciadas por elas. Essas ações deixam marcas no nosso fluxo mental que, por sua vez, geram renascimentos futuros. Para que essas marcas mentais influenciem o renascimento, elas precisam ser estimuladas por distorções mentais, tais como o apego. Se as distorções mentais não estiverem presentes para estimular as marcas mentais, elas permanecerão latentes e inativas. Assim, ainda que tenhamos um enorme depósito de impressões mentais não virtuosas, elas não produzirão resultados cármicos depois de libertarmos a mente de todas as distorções.

Inversamente, tomemos o caso hipotético de uma pessoa cujo fluxo mental está livre de impressões cármicas, mas que ainda está sujeita a distorções. Por causa dessas distorções, a pessoa seria compelida a agir de formas que fariam com que seu fluxo mental acumulasse carma muito rapidamente, e, claro, essas impressões seriam catalisadas pelas distorções mentais. Por isso, é mais crítico identificar e dissipar as distorções do que as marcas cármicas resultantes. Entre as duas fontes de sofrimento – distorções mentais e ações contaminadas – as primeiras são mais importantes.

No budismo, as aflições fundamentais da mente são conhecidas como os três venenos: ignorância, ódio e apego. Entre estes, a ignorância é a distorção raiz de onde brotam o ódio e o apego. Todas as outras aflições mentais, tais como inveja e orgulho, derivam desses três venenos.

Razão e fé

Os ensinamentos do Buda são de maneira geral de dois tipos. O primeiro se concentra em questões que podemos testar e possivelmente confirmar com a nossa própria capacidade de percepção e de lógica. Em grande medida, o tema do sofrimento e suas origens, bem como a natureza da consciência e sua continuidade de uma vida a outra, se enquadram nessa categoria. É concebível que essas afirmações budistas possam ser refutadas ou confirmadas pela experiência empírica ou lógica. Quanto a essa classe de ensinamentos, o Buda deu o seguinte conselho aos seus seguidores:

> Ó monges, assim como um ourives testa seu ouro, derretendo, cortando e friccionando, os sábios aceitam meus ensinamentos após um exame completo, e não apenas por devoção [a mim][8].

Ao examinar os ensinamentos budistas sobre a natureza da consciência, e a evidência que apoia a teoria da transmigração, podemos decidir se a teoria faz sentido ou não. Mas assim que passamos para outras questões, tais como a natureza precisa das relações entre nossas vidas sucessivas, entramos em um domínio que está além da nossa compreensão. Aqui precisaremos recorrer à fé ou interromper a nossa busca. É provável que o Buda estivesse se referindo especialmente a esse aspecto de seus ensinamentos, quando declarou:

> Mentes irritadas ou agitadas,
> ou mentes sem fé, são incapazes
> De compreender toda a doutrina sagrada
> que o Buda ensinou de forma completa[9].

A fragmentação entre fé e razão na visão de mundo ocidental tem produzido muito mal à nossa sociedade. Uma das maneiras pelas quais se faz isso é ignorando o papel crucial da fé na filosofia

---

8 SHASTRI, D.*Tattvasaṁgraha*. Benares: Buddhabharati, 1968.

9 *The Tibetan Dhammapadha,* cap 3, vs. 27.

e na ciência. A confiança, a convicção e o entusiasmo na busca do conhecimento em todos os campos baseiam-se em algum tipo de fé, independentemente da natureza específica daquilo que se busca. No budismo, a fé e a razão são cruciais como o próprio Buda afirmou:

> O sábio tem a fé e a inteligência
> como fontes de segurança em sua vida;
> Essas são suas maiores riquezas.
> Aquela outra riqueza é apenas trivial[10].

Muitas pessoas descobriram que um exame minucioso de muitos dos ensinamentos do Buda, baseado na experiência e na inteligência, produz um aprofundamento da fé na autenticidade do despertar do Buda. E também é certamente verdadeiro que a fé sincera – que não deve ser confundida com crenças dogmáticas – melhora e fortalece a compreensão e a sabedoria. Isso se expressa em uma profunda confiança no Buda e em seu *Dharma*, e isso nos permite ser receptivos a novas ideias e perspectivas. Tomamos o *Dharma* com um senso de humildade que não é depreciativo, mas afirma e exalta a nossa própria sabedoria intuitiva. Essa fé é o terreno fértil indispensável para o crescimento espiritual e para o despertar.

Distorções mentais

Com isso em mente, vamos buscar uma compreensão teórica mais aprofundada das distorções mentais. Ao longo da vida, a maioria de nós já adquiriu um bom conhecimento sobre essas distorções; a ignorância, o ódio e o apego não são estranhos para nós. Uma vez que somos afligidos por essas tendências todos os dias de nossas vidas, não faz sentido termos um interesse meramente casual nesse assunto. Embora tenhamos experienciado distorções mentais e sofrimento muitas vezes, provavelmente nunca examinamos de perto a relação entre eles o suficiente.

---

10 Ibid., cap.10, vs. 9.

Todos nós temos frequentemente sentido frustração, descontentamento e dor de vários tipos, mas como temos respondido a elas? A resposta mais comum ao sofrimento é colocar a culpa em algo externo. A busca das fontes de sofrimento não é uma ideia nova sugerida pelo Buda. Fazemos isso o tempo todo, e muitas vezes pensamos ter conseguido identificar a verdadeira causa da nossa insatisfação: "A razão de eu estar infeliz é aquilo ali". Não é verdade que quando nos sentimos felizes também tendemos a atribuir essa felicidade a circunstâncias externas?

A verdade essencial do sofrimento é que nem os problemas individuais e nem os sociais se devem principalmente a condições externas. Às vezes, essas influências podem ser muito importantes, mas nossos esforços para resolver os problemas, concentrando-nos apenas nas condições externas, provavelmente serão em grande parte ineficazes e superficiais. Em vez disso, o *insight* contemplativo sobre a natureza humana em sua profundidade é essencial para aliviar o sofrimento de forma completa; e o interesse compassivo pelos outros pode aprofundar a nossa própria sabedoria introspectiva.

De acordo com o Buda, a fonte essencial de todo o sofrimento, medo e conflito é a ignorância. No entanto, no caso da dor física de uma perna quebrada, por exemplo, o papel causal da ignorância não é de modo algum evidente. Além disso, quando empatizamos com a tristeza de alguém, sofremos junto com ele, e a fonte da nossa própria dor parece ser a compaixão, não a ignorância.

O budismo fala de dois tipos de ignorância que agem como causas do sofrimento. O primeiro é uma condição de desconhecimento, especificamente a ausência de uma consciência clara. Em cada momento de nossas vidas, acontecem incontáveis eventos psicofisiológicos. Sensações físicas surgem e desaparecem ao longo do corpo, ocorrem sensações físicas e mentais de prazer, dor e indiferença e formas de consciência sensoriais e mentais surgem em um constante estado de fluxo, juntamente com uma grande variedade de pensamentos, inclinações, distinções, e assim por diante.

As pessoas que cultivam a atenção plena por meio da meditação surpreendem-se com a grande quantidade de eventos mentais que descobrem a cada instante, eventos dos quais não estavam cientes até o momento em que tentaram aquietar suas mentes. Na meditação, percebemos que as correntes de conceituação, por exemplo, são múltiplas, rápidas, turbulentas, e em sua maior parte, incessantes. A mente se revela como um poço transbordante de ideação compulsiva: pensamentos, lembranças, associações, fantasias, desejos e emoções jorram de uma fonte aparentemente inesgotável. O praticante se sente preso no congestionamento do tráfego mental na hora do *rush*, embora tenha entrado em retiro para meditar.

Todos esses eventos mentais oscilam a cada momento, conforme surgem e se dissolvem, condicionados por eventos no corpo e no ambiente, bem como por pensamentos e emoções do passado. Enquanto isso, ocorrem sensações táteis, juntamente com os sentimentos associados a elas; as outras faculdades sensoriais da visão, audição, olfato, e gustação operam com diferentes graus de dominância.

No dia a dia, em estados de consciência obscurecida, não reconhecemos o surgimento desses eventos a cada momento; não vemos suas inter-relações sutis e complexas, e tampouco compreendemos sua natureza ou como eles deixam de existir. Em suma, a consciência de estar vivo no mundo é bastante nebulosa.

Além dessa falta de consciência clara do corpo, da mente e do meio ambiente, existe uma forma mais dinâmica de ignorância que se exerce. Esse segundo tipo de ignorância não se limita a desconhecer a natureza desses eventos – ela os interpreta ativamente de forma equivocada. Sem uma percepção clara da origem dos pensamentos, por exemplo, essa ignorância imputa-lhes a noção "Eu estou pensando esses pensamentos". Da mesma forma, ela identifica os eventos mentais e físicos como "meus"; e sem ver as inter-relações entre eles, ela imputa "eu estou no controle desses eventos". O corpo, a consciência, as emoções, os pensamentos – todos esses são considerados pela ignorância como "meus".

E quem é esse "eu" que a ignorância designa como o senhor do corpo e da mente? Se esse "eu" pudesse falar, diria algo como: "Eu sou a pessoa que está no comando; o corpo e a mente agem de acordo com a minha vontade; eu sou autossuficiente e existo em meio aos eventos transitórios do corpo e da mente, e eu os coordeno para comporem um todo significativo. Embora eu também esteja sujeito a mudanças, a minha própria identidade é mais estável e duradoura do que os eventos psicofísicos que percebo como meus. Pois eu tenho um passado e terei um futuro".

Não é particularmente útil aceitar essa explicação sobre os dois tipos de ignorância, desconhecimento passivo e interpretação equivocada ativa, simplesmente como um tema da doutrina budista. Uma vez que o nosso próprio sofrimento é uma questão de interesse vital para cada um de nós, a sua origem merece uma análise cuidadosa, para podermos realmente saber de onde ele vem. O Buda incentivou cada um de nós a verificar isso por nós mesmos. Nós de fato experimentamos o primeiro tipo de ignorância, que brota da falta de atenção plena? Será que evitamos falar sobre as sutilezas dos eventos psicofísicos, designando todos eles como "meus"? Nós nos concebemos como o tipo de identidade pessoal descrito acima?

O budismo afirma que essa noção falsa de "eu" é inata. Nós não a adquirimos do ambiente nem aprendemos com os outros; nós nascemos com ela. No processo de educação, podemos desenvolver justificativas adicionais para a existência desse"eu", e podemos construir teorias elaboradas com base no pressuposto de sua existência. Dessa forma, a ignorância inata defende-se com a ignorância adquirida. Aqui está uma premissa que podemos testar com base na nossa própria experiência.

O Buda declarou que a noção de um eu substancial e autossuficiente, que está no comando do corpo e da mente, é uma delusão. A noção de uma identidade pessoal autoexistente é inata, mas também é ignorante e atua como uma fonte de sofrimento. Esse "eu" que é concebido dessa forma não existe. É útil, no entanto, distinguir entre o processo mental de conceber o "eu" de forma equivocada e o próprio "eu" autossuficiente que é imaginado dessa forma. A noção falsa de "eu" existe e exerce uma forte influência sobre as outras funções mentais e sobre o curso de nossas vidas, enquanto o "eu" fictício em si não faz nada, porque simplesmente não existe.

A falsa noção de individualidade dá origem a um sentimento de separação de todos os outros, e a partir disso surge a aflição do apego. Essa distorção mental apreende objetos atraentes internos e externos, anseia por eles e torna-se absorvida neles, e assim fica difícil desconectar a atenção deles. O apego remove da consciência as qualidades desagradáveis do objeto de desejo, e acentua e embeleza as qualidades agradáveis.

A pessoa também pode sentir apego à sua própria aparência pessoal. Nesse caso, suas características, sejam elas quais forem, são vistas como especiais e desejáveis, e a principal razão de serem atraentes é o fato de a pessoa achar que possui essas características. Então, novamente, surge o apego ao "eu" e "meu": "minhas/meus" emoções, inteligência, opiniões, corpo, cônjuge, filhos, amigos, reputação, bens e meio ambiente. Em todos esses casos, o apego remove da consciência as qualidades negativas do objeto, e aumenta a consciência dos mais desejáveis.

Em geral, quanto menos um determinado objeto parecer promover bem-estar, menor será o apego. Há muitas coisas que parecem irrelevantes para o nosso bem-estar, e a reação mais comum é a indiferença. Mas quando as coisas parecem ameaçar o bem-estar, a aflição mental que surge é o ódio. O ódio tem foco no sofrimento e em coisas que parecem causar dor, incluindo os seres sencientes e agentes inanimados; e busca agressivamente maneiras de retaliação. Da mesma forma que o apego, o ódio distorce a percepção da realidade, mas na direção oposta: ele remove o que é agradável e intensifica o que é desagradável.

O Buda afirmou que essas três aflições mentais – ignorância, ódio e apego – são as raízes de todo o sofrimento. Essa é uma declaração de enorme importância, comparável às grandes teorias científicas da física. Isaac Newton, por exemplo, levou em conta a grande variedade de movimentos na natureza – desde o movimento em linha reta de uma maçã caindo até as revoluções da Lua em torno da Terra – e explicou todos com três leis simples. Da mesma forma, uma vasta gama de eventos naturais pode ser compreendida e prevista usando um único princípio unificador da conservação da massa-energia. O Buda não estava preocupado com leis físicas, mas principalmente com as leis naturais da existência senciente. Tendo explorado profundamente a natureza do sofrimento e da sua origem, o Buda concluiu que as raízes de todo descontentamento encontram-se na mente, especificamente nos três venenos que controlam a mente. Essa ideia serve como um amplo princípio unificador da experiência cuja validade podemos testar por nós mesmos.

Vamos analisar algumas distorções mentais secundárias que resultam dos três venenos. O orgulho é um fator mental baseado em uma visão distorcida de si mesmo, que se concentra nas qualidades – boas ou más, elevadas ou ordinárias – com um senso de arrogância e superioridade. Com o orgulho, nos sentimos superiores aos outros, devido a uma determinada qualidade – virtude, inteligência ou beleza – que consideramos ser inerentemente "nossa". O orgulho, originado da ignorância, também reforça a falsa sensação de ego, exaltando-o como superior a outros egos.

Outra aflição secundária é a dúvida sobre questões como a verdade do sofrimento, sua origem, sua cessação e o caminho para a cessação. É uma forma de ceticismo, que não deve ser confundido com a investigação crítica.

Quando estudamos o budismo com uma verdadeira sede de maior compreensão, certamente surgirão dúvidas e incertezas. Com essa motivação, podemos ponderar criticamente os ensinamentos budistas, testá-los com base na nossa experiência, e tentar esclarecer dúvidas questionando professores competentes. Os alunos budistas ocidentais são particularmente conhecidos por essa abordagem. Em sua maioria, os lamas tibetanos que eu conheço e que têm ensinado no Ocidente, inicialmente ficam um pouco surpresos, e então rapidamente ficam encantados pela maneira penetrante com que os ocidentais os questionam. Um lama, depois de dar palestras sobre budismo nos Estados Unidos por quase dois anos, passou vários dias ensinando um pequeno grupo de devotos tibetanos que viviam nesse país. Quando falei com ele, pouco depois, perguntei como tinha sido. Ele respondeu: "Eu acho que foi muito bem, mas eu realmente não sei o que aprenderam, porque não fizeram uma única pergunta!"

Embora a fé seja essencial para o cultivo de uma compreensão mais profunda, os seus benefícios são reduzidos quando combinados a uma atitude não questionadora e complacente. Por exemplo, quando começamos a estudar a teoria budista da transmigração, o entendimento que temos é certamente bastante imperfeito e incompleto. Se a nossa resposta inicial for aceitar essa doutrina sem críticas, o nosso entendimento não amadurecerá, e ficaremos presos a crenças malformadas e possivelmente enganosas. É muito melhor avançar com entusiasmo para compreender a realidade utilizando os ensinamentos budistas como uma ferramenta maleável em nossa busca pela verdade.

A dúvida no sentido de ceticismo hesitante, que paralisa o praticante, é uma questão bem diferente, e pode ser no mínimo tão debilitante quanto a fé cega. Em vez de ajudar o praticante a seguir em frente no caminho da compreensão, esse tipo de dúvida faz com que ele vagueie por entre várias possibilidades, sem explorar inteiramente nenhuma delas.

A aflição mental da dúvida pode afetar tanto a prática como a teoria. Vamos supor que o praticante decida se dedicar a um determinado tipo de meditação. Mas depois de algumas semanas, passada a novidade, ele começa a se perguntar "Será que eu devo continuar com essa prática ou devo experimentar aquela outra da qual ouvi falar? Acho que teria resultados melhores se eu trocasse, porque eu realmente não estou certo de que esta seja a mais adequada para mim".

Essa indecisão pode levar o praticante a experimentar uma grande variedade de métodos sem obter nenhum benefício profundo de nenhum deles. A dúvida também pode se voltar contra a própria capacidade de prática e nos levar a pensar: "Este parece ser um método valioso, mas talvez seja muito avançado para mim. Afinal, eu sou apenas um novato, e não pareço ter um talento muito especial para a meditação. Talvez eu devesse tentar outra coisa, ou simplesmente deixar tudo pra lá". Os tibetanos comparam essas formas de indecisão com tentar inserir um fio puído pelo buraco de uma agulha: assim que um filamento do fio atravessa, os outros filamentos viram em outras direções, e você nunca consegue terminar a tarefa.

Outra distorção mental secundária é a visão que se agarra a extremos. Baseia-se na suposição de que o "eu" existe como um controlador autossuficiente do "meu" corpo e da "minha" mente, que está preocupado com as questões: "O que será de mim? Quando eu morrer serei aniquilado ou continuarei a existir de alguma maneira?" Na verdade, nenhuma dessas alternativas é verdadeira, pois a noção de "eu" que está na base das questões é falsa. Esse "eu" autônomo não será destruído e nem persistirá além da morte, porque ele simplesmente nunca existiu.

Livre-arbítrio

Diante da afirmação budista de que "eu" não existo como uma entidade independente que controla o "meu" corpo e a "minha" mente, inevitavelmente surge a questão: "Então eu não tenho livre-arbítrio?" Para lidar com essa questão, precisamos entender todos os componentes da questão, isto é, o significado de livre-arbítrio, de "eu", e em que sentido esse "eu" poderia possuir tal arbítrio.

Arbítrio envolve intenção e o processo de tomada de decisão. Nesse contexto, o que significa "livre"? Ser livre implica que as intenções ocorrem de forma autônoma, sem serem influenciadas por condições anteriores ou circunstâncias externas? Essa interpretação seria tola, porque, se fosse assim, as minhas decisões não teriam nada a ver com o meu passado e com o meu ambiente neste momento. Uma interpretação mais significativa de livre-arbítrio afirma que as minhas intenções são influenciadas pelas condições passadas e presentes, mas não são inteiramente determinadas por elas. As escolhas são feitas livremente por mim, usando meu próprio poder de julgamento, que foi condicionado pelo meu passado.

Mas afinal, qual é a natureza desse "eu" que muitas pessoas afirmam ter livre-arbítrio? Se o budismo está certo, e eu não existo como uma entidade independente absolutamente no comando do meu corpo e da minha mente – incluindo a minha vontade – então a noção de ter livre-arbítrio torna-se muito problemática.

Independentemente da forma como eu possa existir, surgem outras questões: "Até que ponto eu sou livre para escolher como responder às situações? Por exemplo, se alguém me insulta, eu tenho a liberdade de responder com serenidade ou simpatia e compreensão? Eu tenho a liberdade de optar por não ficar chateado? De modo mais geral, eu sou livre para decidir sentir ou não sentir ciúme, apego e raiva? Posso decidir livremente não ter uma mente conceitual e emocionalmente turbulenta?" Cada um de nós pode responder a essas questões sobre liberdade por si mesmo, e a maioria de nós provavelmente irá responder imediatamente que não tem essa liberdade. Nesse contexto, a questão do livre-arbítrio pode ser resolvida experimentalmente, sem qualquer especulação filosófica elaborada.

A maioria de nós percebe que a mente é dominada por distorções mentais, e, nesse sentido, nossas intenções e decisões não são

livres. Somos sempre capazes de fazer escolhas livres das influências da ignorância, do ódio e do desejo? O Buda respondeu que
temos esse potencial, e as práticas que ele ensinou são concebidas
para nos conduzir a essa liberação. "Mas", poderíamos perguntar: "O que acontece com o outro tipo de livre-arbítrio? Mesmo
quando a minha mente não está dominada por uma distorção
mental, posso então fazer minhas escolhas livremente? Em outras
palavras, posso me distanciar das influências mentais, ainda que
sejam virtuosas, tais como sabedoria e compaixão, ao exercer o
livre-arbítrio?" Para podermos responder a essa pergunta de forma satisfatória, acredito que devemos ter um *insight* experiencial
profundo sobre a maneira pela qual nós, de fato, existimos. Sem
isso, qualquer resposta que afirmar ou negar a existência do livre-
-arbítrio será incompleta e possivelmente enganosa.

A natureza e os efeitos das distorções mentais

Na discussão anterior, examinamos várias distorções mentais
primárias e secundárias, e há muitas outras que não foram mencionadas. O que todas elas têm em comum? Quais são os critérios para
designar um evento mental como uma distorção? O termo sânscrito
que eu traduzi como distorção é *kleśa*, que significa, literalmente,
aflição. Ignorância, ódio, apego e seus derivados são *kleśas*, e todos
eles nos trazem angústia e insatisfação. São as causas essenciais de
todo o comportamento não virtuoso e do sofrimento. No entanto,
devo acrescentar que o sofrimento mental e físico em si não são considerados *kleśas*. Na verdade, o sofrimento pode surgir junto com
um estado virtuoso da mente, como, por exemplo, a compaixão.

Existencialmente, os *kleśas* nos afligem por perturbarem a
harmonia e o equilíbrio da mente. Cognitivamente, eles distor-
cem a percepção da realidade. Devido a esse duplo aspecto, tenho traduzido esse termo como aflição mental e como distorção.

É crucial obter uma compreensão teórica clara sobre a natureza dos *kleśas* em geral, e das aflições primárias e secundárias específicas, em particular, para que possamos começar a identificá-los e explorar sua natureza na vida diária.

A aflição fundamental é a ignorância, e o antídoto fundamental para essa aflição é o *insight*. Assim, a tarefa que se coloca diante de nós é afastar a tendência de ignorar ou de reprimir as distorções mentais e, em vez disso, desenvolver *insights* sobre a sua natureza e o seu funcionamento.

Para verificar esses eventos mentais com precisão, é essencial parar de se identificar com eles. No início, é aconselhável simplesmente observá-los, examinando a forma como eles surgem em relação aos eventos que os precedem. O praticante deve inspecioná-los com cuidado, distinguindo-os claramente de outros processos mentais que não são distorções, e observar os efeitos que produzem em si mesmo. Por fim, o praticante deve notar a maneira pela qual eles desaparecem da consciência.

Quando as distorções mentais surgem sem serem vistas pela atenção discriminativa, elas vêm permeadas pela confusão. Quando a raiva surge, por exemplo, nós muitas vezes inconscientemente nos identificamos com ela, e pensamos: "Eu estou com raiva" ou "Eu odeio isso!" Por esse processo de identificação, criamos uma autoimagem de nós mesmos como tendo um temperamento quente, ganancioso, confuso, ansioso, ciumento, e assim por diante.

Esse senso de identidade pessoal é apenas parcial e convencionalmente verdadeiro, e isso tende a ofuscar a verdadeira natureza das distorções mentais. Nenhuma dessas aflições mentais é o "eu", da mesma forma que o câncer ou a tuberculose não são o "eu". São fontes de angústia da qual podemos ser libertados. Embora os padrões dessas distorções possam estar profundamente enraizados no nosso comportamento mental, elas não são qualidades inatas de nossas mentes.

Nós podemos testar a hipótese budista de que todo o sofrimento decorre de distorções mentais, e o experimento pode começar assim que uma infelicidade de qualquer espécie surgir. Assim que percebemos que a infelicidade surgiu, podemos ver se ela decorre de alguma distorção mental identificável. Normalmente, culpamos algum evento externo pela nossa infelicidade, mas a falácia dessa resposta torna-se evidente quando testemunhamos outra pessoa respondendo ao mesmo evento sem infelicidade.

Investigando as origens da infelicidade dessa forma, encontramos ocasiões em que as distorções mentais parecem não desempenhar nenhum papel. Podemos sentir angústia no infortúnio dos outros e pode parecer que a tristeza surge de um interesse inteligente e da compaixão. De fato, é verdade que, se não nos preocupássemos com outros seres, não sentiríamos tal consternação. Mas, por enquanto, a compaixão que sentimos vem sempre acompanhada pela angústia. No entanto, conforme o *insight* se aprofunda, descobrimos que a verdadeira fonte dessa angústia não é a compaixão, mas as formas sutis de apego e ignorância que surgem em relação a ela.

O mesmo pode ser dito sobre a dor física. Uma pessoa que se libertou das distorções mentais por meio do cultivo de uma profunda introspecção ainda pode sentir dor. Não é como se o corpo tivesse recebido uma anestesia geral. Mas a experiência da dor é muito diferente, graças à capacidade de testemunhar a dor como uma sequência de eventos que podem precisar ou não de uma resposta. O tormento do sofrimento físico se deve à ignorância e ao apego, particularmente relacionados com a concepção "este é o meu corpo".

As distorções mentais têm nos afligido ao longo desta e de outras inúmeras vidas no passado; e se não utilizarmos os antídotos de forma eficaz, elas seguirão nos afligindo indefinidamente. Estamos acostumados a identificar e nos opor a inimigos externos que atrapalham o nosso bem-estar. Mas durante todo o tempo, continuamos a sofrer devido à nossa incapacidade de reconhecer e combater os verdadeiros inimigos – as distorções mentais. Como podemos nos livrar delas?

O budismo sugere uma resposta radical às aflições mentais: não aprenda a conviver com elas; dissipe-as para sempre! Durante incontáveis éons, elas trouxeram prejuízos incalculáveis ao nosso fluxo mental e, consequentemente, ao mundo que nos rodeia. Os verdadeiros culpados devem ser reconhecidos, e podemos começar deixando de nos identificar com eles. Se realmente percebermos que somos vítimas de nossas próprias aflições mentais, poderemos parar de nos condenar por deficiências e falhas. Poderemos semear a compaixão por nós mesmos, e ao fazê-lo, poderemos abrir o caminho para a empatia com os outros que são afligidos da mesma maneira.

Vamos agora encerrar com uma analogia. Imagine que está caminhando por uma calçada com os braços cheios de mantimentos e alguém tromba com você, você cai e seus mantimentos se espalham pelo chão. Levantando-se da poça de ovos quebrados e suco de tomate, você está prestes a gritar: "Seu idiota! O que há de errado com você? Você é cego?" Mas antes mesmo de conseguir recuperar o fôlego para falar, você vê que a pessoa que trombou com você de fato é cega. Ela também está esparramada por sobre os mantimentos. A sua raiva desaparece instantaneamente, e é substituída por uma preocupação: "Você está ferido? Posso ajudá-lo?"

Nossa situação é assim. Quando percebemos claramente que a fonte de desarmonia e angústia do mundo é a ignorância, conseguimos abrir as portas da sabedoria e da compaixão. E aí, então, estaremos em condições de curar nós mesmos e os outros.

6

Os frutos do nosso trabalho

Voltemos agora à importante pergunta: Se a experiência pessoal prossegue após a morte, qual é a relação entre o nosso comportamento nesta vida e as experiências que teremos em existências futuras?

Ao buscarmos respostas para essa pergunta, a maioria de nós precisará confiar no conhecimento de outras pessoas, uma vez que nem a experiência presente, nem a nossa capacidade de raciocínio por si só serão suficientes para essa tarefa. A discussão a seguir baseia-se inteiramente na experiência do Buda e de contemplativos posteriores.

No Ocidente, a maioria das pessoas já confia em informações que não podem verificar empírica ou logicamente. A maior parte do conhecimento científico, por exemplo, é aceito pelo público em geral sem a compreensão completa das bases teóricas e empíricas de tal conhecimento. Mesmo dentro da comunidade científica, com o seu elevado grau de especialização, os químicos, por exemplo, precisam confiar em descobertas anteriores feitas pelos físicos, que não podem verificar por si mesmos.

Essa confiança, quando bem-fundamentada, baseia-se em uma tradição de investigação crítica: "Qual é a evidência empírica que sustenta a teoria?" "A pesquisa que produziu tal evidência foi conduzida de forma confiável?" Se o método de pesquisa for falho, qualquer teoria resultante poderá ser descartada.

A descrição budista da natureza das ações e de seus resultados apresentada a seguir nos levará a supostos domínios de experiência que provavelmente nos conduzirá aos limites da nossa imaginação e credulidade. O Buda declarou que observou as relações existentes entre uma vida e outra, e explicou aos outros como foi capaz de fazer essas observações.

Ao contrário de profetas religiosos, ele não adquiriu seu conhecimento por meio da revelação divina; ao contrário de filósofos, ele não formulou suas teorias por análise lógica e especulação; e ao contrário de cientistas, ele não realizou sua pesquisa com instrumentos tecnológicos. O único instrumento de pesquisa que o Buda utilizou foi a sua própria mente, finamente aperfeiçoada por uma sofisticada disciplina contemplativa.

Se a confiança nas descobertas do Buda basear-se na investigação crítica, precisaremos estar convencidos de que o caminho que conduziu ao seu despertar espiritual é autêntico. Temos várias opções para estabelecer tal autenticidade. Podemos investigar esse caminho do ponto de vista teórico, e podemos também examinar os achados de contemplativos que mais tarde tornaram-se bastante avançados nas disciplinas que o Buda apresentou. Finalmente, e o mais importante, nós mesmos podemos adotar essa disciplina e fazer nossas próprias descobertas empíricas.

Se os métodos budistas de pesquisa contemplativa forem confiáveis, podemos concluir que as teorias neles baseadas são necessariamente verdadeiras? Será que eles descrevem de forma singular a realidade como ela é? Ao atacarmos esse problema, nos deparamos com a mesma situação encontrada na ciência: múltiplas teorias podem explicar igualmente o mesmo corpo de evidências empíricas. As teorias budistas de ações e seus resultados, e as teorias da ciência natural, ambas tornam inteligível uma vasta gama de fenômenos naturais: e permitem-nos examinar esses eventos de maneiras muito úteis. Nenhum desses conjuntos de teorias precisa ser considerado verdadeiro no sentido de descrever ou explicar uma realidade objetiva independente; mas ambos podem ser significativos, apresentando-nos modelos coerentes e úteis sobre a relação entre os eventos e a experiência humana.

A natureza do carma

O significado do termo *karma* (ou carma) é ação, e refere-se especificamente à intenção. Intenção é um fator mental que dirige a consciência a um determinado objeto ou a uma determinada atividade. No budismo, podemos falar tanto da própria intenção quanto da ação realizada com a intenção. Enquanto o primeiro se refere a um evento mental, este último refere-se principalmente ao comportamento físico e verbal intencional. Sempre que nos envolvemos em atividades intencionais do corpo, fala e mente, virtuosas ou não virtuosas, são criadas marcas no nosso fluxo mental. Estas são como sementes ou potenciais, e também são chamados de carma. Em determinadas situações essas sementes agem como *carma propulsor*. Esse carma está impresso no fluxo mental sutil que prossegue após a morte, e quando é estimulado por um catalisador adequado, nos impulsiona a um novo renascimento. O *fruto plenamente amadurecido* desse carma relaciona-se ao tipo de forma de vida que assumiremos, seja ela humana ou não.

Os *resultados cármicos correspondentes com as suas causas* são de dois tipos: comportamental e ambiental. Resultados comportamentais referem-se a padrões criados em uma vida que prosseguem para a próxima. Estes incluem maneiras habituais de reagir às circunstâncias da vida, por exemplo, com apego, hostilidade, equanimidade ou ansiedade. Da mesma forma, se cultivarmos uma grande capacidade de generosidade ou habilidades para a música, para a matemática ou para a meditação, essas causas comportamentais darão origem a tendências semelhantes em vidas futuras; e podem ser acentuadas vida a vida tornando-se mais e mais desenvolvidas. Esse aspecto do carma explica a generosidade inata de algumas crianças, crianças-prodígio em campos, tais como música e a matemática, e as habilidades extraordinárias de alguns *tulkus* tibetanos, ou mestres espirituais encarnados. Explica também as qualidades e comportamentos não virtuosos que algumas crianças apresentam desde a infância.

Os resultados ambientais do carma seguem o princípio de que aquilo que entregamos ao mundo retorna para nós. Por exemplo, se vivermos uma vida generosa, em vidas futuras receberemos generosidade dos outros e obteremos alimentos, roupas etc., com facilidade. Por outro lado, o resultado cármico de matar seria renascer em um ambiente hostil, sucumbir a uma doença grave, ou possivelmente ser morto. Nós colhemos aquilo que semeamos.

Quando um ser humano morre e é impulsionado a um outro renascimento, não é esse mesmo ser humano que passa a habitar um novo corpo. Esse é um ponto importante a ser lembrado, especialmente quando se considera o caso de alguém que tem um renascimento não humano. Nosso atual senso de identidade é fortemente ligado ao corpo e à mente humana, que funciona na dependência do cérebro. Mas, no processo de morte, as faculdades sensoriais, conceituais e emocionais humanas cessam conforme o corpo perde a capacidade de sustentá-las. Assim, diz o budismo, o fluxo mental sutil que deixa o corpo no momento da morte não é uma consciência humana, e o "eu" que foi designado no corpo e na mente atuais desaparece. Esse *continuum* de consciência é agora capaz de se conjugar com outro organismo humano ou com uma forma de vida não humana.

Vamos examinar os domínios da experiência onde o renascimento pode ocorrer. De um modo geral, existem três dimensões da existência que haviam sido descobertas por contemplativos antes do tempo do Buda. A primeira delas é aquela com a qual estamos mais familiarizados chamada *reino sensorial* ou *reino dos desejos*. Aqui, os seres sencientes geralmente sentem forte desejo por objetos sensoriais, e a existência humana está incluída nessa dimensão da experiência.

Uma das dimensões mais sutis é chamada de *reino material sutil* ou *reino da forma*. A experiência sensorial de fato existe nessa dimensão, mas a materialidade grosseira está ausente, bem como o desejo sensorial. Os seres que habitam esse reino são chamados devas, termo livremente traduzido como "deuses". É possível para um ser humano experimentar essa dimensão experiencial refinando a sua consciência por meio do cultivo de um alto grau de estabilidade e clareza mental. Foi esse tipo de disciplina contemplativa de *samādhi*, ou concentração, que Gautama praticou assim que partiu em sua busca espiritual. Se um ser humano atingir estados de estabilização mental pertencentes ao reino material sutil, após a morte, poderá renascer como um deva naquele reino. É somente atingindo tais estados meditativos que se adquire o carma para renascer no reino da forma.

Ao atingir estados mais refinados de *samādhi*, é possível ter acesso a uma dimensão ainda mais sutil conhecida como *reino imaterial* ou *reino da não forma*. Esse é o único meio para renascer como um deva sem forma.

Na época do Buda, muitos contemplativos indianos consideravam que esses estados de *samādhi* eram a liberação completa do ciclo de existência. Mas o Buda viu que os seres sem forma que habitam o reino da não forma são mortais, embora a duração de suas vidas possa se estender por várias éons cósmicos. Embora esses seres não se perturbem com a destruição do cosmo material, o carma que os lançou a essa existência ao final se exaure e eles retornam ao reino sensorial. Embora as distorções mentais estejam suprimidas nos reinos material sutil e imaterial, elas não foram eliminadas; e quando esses seres retornam ao reino sensorial, as distorções se manifestam novamente com muito mais vigor.

É importante reconhecer que as dimensões imaterial, material sutil e sensorial são todas domínios de experiência. Elas são interpenetrantes e não são espacialmente separadas. Assim, quando o contemplativo se senta na almofada de meditação, sua mente experimenta primeiro o reino sensorial. Então, quando ele entra em estados mais profundos de *samādhi*, sua mente, sem se mover para qualquer outro lugar, pode entrar nos outros dois reinos. Da mesma forma, pode se dizer que os devas que habitam os reinos mais sutis existem entre nós, seres humanos, mas em diferentes "frequências" existenciais.

De acordo com os ensinamentos budistas, seis tipos de seres sencientes habitam os três reinos da existência, e podemos renascer em qualquer um deles. Já mencionei os devas, alguns dos quais podem ser encontrados no reino dos desejos. Esses surgem como corpos de luz, dotados de beleza celestial e poderes sobre-humanos de clarividência, e outras habilidades psíquicas. A duração de suas vidas é longa e se deliciam com prazeres sensoriais extraordinários, mas, por fim, eles perecem e, com grande consternação, são obrigados a deixar todos esses prazeres para trás. Alguns devas são benevolentemente interessados pelos seres humanos e podem ser chamados a prestar assistência. Essa era uma prática comum no Tibete, onde certos devas eram consultados por meio de oráculos. Atualmente, o governo tibetano no exílio no norte da Índia ainda consulta seu próprio Oráculo Nechung para assuntos de importância nacional.

Outra classe de seres sobre-humanos, por vezes classificados como devas, são chamados *asuras*. Estes também têm poderes extraordinários, embora não iguais aos dos devas; e por esse *status* inferior, são consumidos pela inveja. São seres beligerantes, e suas vidas são focadas em lutar contra os devas, apesar de invariavelmente perderem.

A terceira classe de seres sencientes, os seres humanos, são considerados como sendo os que dispõem da mais ampla gama potencial de experiências entre todos os seres do universo. Como seres humanos, podemos vivenciar uma agonia insuportável ou uma bem-aventurança inexprimível; podemos ser intelectualmente retardados ou brilhantes; nosso comportamento pode variar entre o demoníaco e o santo; e em meditação, podemos ter acesso a todos os três reinos da existência. E o mais importante: a existência humana oferece a oportunidade de alcançarmos o nirvana e o despertar espiritual perfeito de um buda. Devido a essa possibilidade, a existência humana é considerada a melhor para o desenvolvimento espiritual.

Somente carmas propulsores virtuosos resultam em uma existência como deva, asura ou ser humano. As outras três classes de existência resultam de carmas propulsores não virtuosos.

O primeiro destes é o renascimento como animal. O comportamento não virtuoso que conduz a um renascimento no reino dos animais, tende a ser dominado pela ignorância e confusão. Se um ser humano levar uma vida embrutecida, a base fisiológica humana de sua mente será deixada para trás no momento da morte, e seu fluxo mental se unirá ao corpo de um animal recém-concebido.

Se o carma propulsor for amplamente dominado pela luxúria e pelo desejo, poderá ocorrer um renascimento no reino dos *pretas*. Pretas são uma classe diversificada de espíritos, alguns malévolos e outros não, que são consumidos por um desejo insaciável. Vivendo entre os seres humanos, a percepção da realidade de um preta é muito diferente da nossa. Os ensinamentos budistas ilustram isso da seguinte forma: se um deva, um ser humano, e um preta olharem para um mesmo recipiente com líquido, o deva perceberá o líquido como um elixir celestial, o humano verá como água, e um preta verá como pus ou alguma outra substância desagradável. Não é incomum os pretas influenciarem os humanos, por vezes através de possessão.

Embora geralmente consigam perceber os seres humanos, eles raramente são vistos por nós.

O mais sombrio dos três reinos desafortunados da existência é o dos *nārakas*. O carma propulsor que leva ao renascimento como um *nāraka* é frequentemente dominado pelo ódio, e os seres desse reino sofrem extremo tormento. As descrições do Buda dos vários reinos de *nāraka* são vívidas e horrivelmente semelhantes às descrições do inferno de Dante.

Devido às aparentes semelhanças entre certos conceitos cristãos de inferno, é especialmente importante para os ocidentais notar as diferenças entre as visões budista e cristã. Segundo o budismo, a existência como um *nāraka* é finita, e termina assim que o carma propulsor tiver se esgotado. Além disso, o reino *nāraka* específico que o ser experimenta não existia antes de seu surgimento nele; sua criação é simultânea ao próprio "nascimento" nesse reino, e ele desaparece assim que o carma de seu habitante tiver se esgotado. (Isso é igualmente verdade para existência como um deva.) Finalmente, as experiências dolorosas dos *nārakas* não são infligidas sobre eles como punição por qualquer pessoa; seu sofrimento é simplesmente o resultado natural de suas próprias ações anteriores.

Como seres humanos, somos capazes de ações que conduzem a qualquer um dos seis reinos da existência. A força do carma propulsor resultante é dirigida pelos nossos desejos. Se quisermos renascer em qualquer um dos três reinos favoráveis de existência, temos que nos dedicar a comportamentos virtuosos. Se desejarmos que o nosso carma virtuoso nos leve a um renascimento humano, provavelmente esse será o resultado. Se estamos interessados em um renascimento como um deva ou como um asura, podemos direcionar nossas energias virtuosas para isso. No entanto, se nossas vidas forem amplamente dominadas por comportamentos não virtuosos, o resultado mais provável será o renascimento em um dos três reinos desfavoráveis. O reino específico para o qual iremos migrar dependerá da natureza e da intensidade das nossas ações não virtuosas.

O processo de morte

Em termos de carma, existem três condições que levam à morte. O primeiro é o simples esgotamento do carma propulsor que causou a vida presente. O segundo é o esgotamento dos méritos acumulados por ações altruístas anteriores, que faz com que falte alimentação, roupas, moradia e, às vezes, medicamentos necessários à sobrevivência.

A chave para isso é o fato de que é possível levar uma vida ética sem ter que se desviar de seu próprio caminho para ser útil aos outros. O carma propulsor de um comportamento ético leva a um renascimento favorável, mas esse carma pode estar associado a méritos escassos. Assim, por exemplo, uma pessoa que leva uma vida ética, mas pouco generosa, pode ter um renascimento como um ser humano que irá morrer por inanição. Se o mérito se esgotar, mesmo que ainda haja força vital, a morte ocorrerá por falta de meios para sobreviver.

Uma terceira causa de morte é deparar-se com circunstâncias fatais, como um acidente de automóvel, doença ou guerra, ou algo autoinfligido, como no caso do suicídio. Como resultado de um carma negativo anterior, a morte poderá ocorrer mesmo que a força de vida e os méritos ainda não tenham se esgotado.

O estado mental imediatamente anterior à morte influencia fortemente as experiências subsequentes. De acordo com os ensinamentos budistas, se uma pessoa morrer com um estado mental virtuoso, ela terá a sensação de mover-se das trevas para a luz, e poderá ter maravilhosas visões oníricas. A transição da morte tenderá a ser suave, com pouca dor ou desconforto. Todo o processo de morte será pacífico e sem perturbações – nada a temer.

Se a pessoa morrer com um estado mental não virtuoso, especialmente se for dominado pela raiva, sentirá que está se movendo da luz para a escuridão. Possivelmente verá imagens assustadoras e desagradáveis, e a dor da morte poderá ser intensa. Finalmente, se o estado mental pouco antes da morte for neutro, a experiência da morte tenderá a ser branda, com pouca ou nenhuma experiência de prazer ou de dor.

Naturalmente, o estado mental no momento da morte é em grande parte determinado pelo comportamento durante todo o curso da vida. Se a mente for predominantemente não virtuosa durante os anos anteriores à morte, é improvável que surja uma atitude virtuosa quando se enfrentar a morte. Somos criaturas dirigidas pelo hábito, e é difícil escolher pensamentos virtuosos em uma situação de crise, especialmente se construirmos nossas vidas sobre uma fundação não virtuosa. Portanto, se quisermos, podemos prever a condição de nossas mentes no momento da morte examinando nossos pensamentos e emoções do dia a dia.

Neste momento, estamos plantando as sementes do tipo de morte que vamos experimentar. Nossos hábitos mentais ao longo da vida determinam em grande parte a qualidade da experiência da morte; isso influencia fortemente a natureza do estado intermediário após a morte; e esse período leva diretamente ao próximo renascimento.

O Buda mostrou como subjugar distorções mentais e cultivar qualidades mentais virtuosas. Mas simplesmente nos autodenominarmos budistas não é garantia de que teremos um renascimento favorável; da mesma forma, os não budistas não necessariamente terão renascimentos desfavoráveis. Em termos de carma, a questão crucial é a qualidade moral das nossas vidas, e não a doutrina metafísica específica que adotamos.

Durante as fases iniciais do processo de morte, a mente pode estar em um estado virtuoso, não virtuoso, ou neutro.

Conforme o processo de morte avança, sentimentos de prazer e dor e toda a conceituação desaparecem, e entramos em um estado muito sutil de consciência. Após essa fase, a conceituação se restabelece a partir da força do hábito. Nesse momento, temos a sensação de não ter um corpo, e quando descobrimos que não há nada para nos agarrarmos, de repente, surge o medo: "Eu deixarei de existir!" Isso nos leva a desejar ter um corpo, o que por sua vez nos empurra para o bardo, ou estado intermediário entre a morte e o renascimento.

O estado intermediário

Como mencionamos anteriormente, o processo de morrer é semelhante ao processo de adormecer; o estado intermediário pode ser comparado ao sonhar; e o renascimento, ou concepção, é análogo ao processo de acordar.

Por enquanto, vamos nos concentrar nas semelhanças entre o estado intermediário e o sonho. Enquanto sonhamos, temos a sensação de ter um corpo, observamos outras pessoas e o meio ambiente, e podemos ter todos os tipos de emoção. Podemos nos deslocar de um lugar para outro simplesmente por uma mudança da consciência. Tais viagens não se limitam nem mesmo à velocidade da luz. São instantâneas. Pensamos em um lugar e estamos lá, simultaneamente ao pensamento. Da mesma forma, no estado do bardo, temos um corpo que é feito do mesmo material dos sonhos: um corpo puramente mental, uma criação da mente. Esse corpo mental dispõe de todas as faculdades sensoriais, e com ele podemos observar outras pessoas e outros eventos no bardo. Como no estado de sonho, podemos nos mover tão rapidamente quanto o pensamento, e nossa visão é desimpedida, ou seja, para onde olharmos, veremos.

Os cientistas ocidentais têm investigado diferentes tipos de sonho. Mais comumente, o sonhador não tem conhecimento de que está sonhando. Por outro lado, em sonhos lúcidos, o sonhador está plenamente consciente de que está sonhando. Os budistas tibetanos têm conhecimento sobre sonhos lúcidos e dedicam-se ao cultivo dessa habilidade há muito tempo. Eles também têm explorado técnicas para separar o corpo de sonho do corpo físico, e as aplicam de variadas formas. Essa é uma preparação extremamente útil para entrar no bardo, e para extrair o maior benefício possível dessa experiência[11].

Se entrarmos no estado intermediário com uma mente virtuosa, a experiência tenderá a ser muito agradável e plena de luz; por outro lado, se a mente estiver em um estado não virtuoso, o estado de transição tenderá a ser sombrio e apreensivo. O tipo de corpo que temos no bardo corresponde ao tipo de renascimento que teremos imediatamente a seguir. Se estivermos prestes a ter um renascimento humano, o corpo no bardo terá uma forma humana. A única exceção ocorre no caso de transmigrarmos para um reino imaterial. Essa existência não é precedida por um estado intermediário; entramos nessa dimensão imediatamente após a morte.

Agora vamos analisar o processo de concepção que se dá após o estado intermediário, tomando como exemplo um renascimento como ser humano. De acordo com o budismo, quando chegamos ao final do período do bardo, temos uma visão. Essa não é a percepção de algum evento que está de fato ocorrendo no reino humano, mas uma visão ilusória semelhante a um sonho. Nela vemos as substâncias regeneradoras dos nossos futuros pais, e os vemos no ato da relação sexual. Essa visão ocorre ainda que a relação sexual não esteja de fato se dando, e o ser do bardo é luxuriosamente atraído para esse evento. Além disso, diz o bu-

---

11 Para uma discussão detalhada sobre a prática budista tibetana de ioga dos sonhos, cf. *Meditation, Transformation and Dream Yoga*. Ithaca: Snow Lion, 1993.

dismo, esse desejo é direcionado ao genitor do sexo oposto ao do ser que está prestes a ser concebido. Como a única percepção que se tem é a dos órgãos genitais copulando, surge raiva, e isso põe um fim ao estado intermediário. Morremos no estado do bardo e somos concebidos como ser humano.

Renascimento

Para renascer em um determinado lugar deve-se ser atraído para esse lugar. Assim, por exemplo, se não tivermos desejo de renascer nos Estados Unidos, não renasceremos lá. O tipo de renascimento é o resultado de um desejo.

Como isso pode ser analisado com base na afirmação budista de que somos empurrados para um determinado renascimento pelo poder do carma, e não simplesmente por escolha? Por que, por exemplo, renasceríamos como um *nāraka*? Para responder a isso, vamos considerar o exemplo de uma pessoa que adora mutilar e matar. No bardo, essa pessoa pode ter a visão de um campo de batalha e ser atraído por ela pela força do hábito. Esse campo de batalha será realmente uma visão do reino dos *nārakas*, e por desejarem entrar nesse conflito, essa pessoa renascerá nesse reino. Em suma, o desejo surge em estreita associação com o nosso carma propulsor, que é determinado pelo nosso comportamento habitual, e tudo isso é fundamental para o processo de renascimento.

Embora possa parecer fantástica, essa descrição dos seis reinos de seres sencientes e do processo de morte, do período intermediário e do renascimento, é baseada em ensinamentos do Buda. Foi posta à prova por muitas gerações de contemplativos indianos e tibetanos, entre estes alguns *tulkus*, que lembravam dos eventos que levaram ao seu nascimento. Muitos outros contemplativos declaram ter observado seres em todos os seis reinos, por meio de estados elevados de consciência. São experiências autênticas, ou estão simplesmente fantasiando? Esse julgamento poderá ser mais preciso se analisarmos minuciosamente o tipo de disciplina meditativa que resultou nessa experiência. É um treinamento que leva a uma maior clareza, estabilidade e discernimento mental, ou promove o autoengano e a delusão? Os métodos utilizados por esses budistas contemplativos estão disponíveis para inspeção teórica e empírica.

O Buda enfatizou a natureza insatisfatória do renascimento em todos esses reinos, e encorajou os seguidores a buscarem a liberação desse ciclo. Isso não significa ansiar pela aniquilação pessoal. Isso não seria nem mesmo possível, pois o *continuum* de consciência não pode ser destruído. É possível, porém, termos maior liberdade de escolha quanto ao renascimento, e, por fim, tornarmo-nos completamente livres de renascimentos compulsivos.

Nossos atuais corpos são a fruição do nosso comportamento em vidas passadas, e com base nos ensinamentos do Buda, podemos estudar as relações entre tipos específicos de ações e seus resultados cármicos. Por exemplo, o Buda declarou que entre os resultados cármicos da paciência estão a beleza física e a boa saúde. A generosidade dá origem à riqueza em vidas futuras. Assim, com base em nossas atuais circunstâncias, podemos inferir os nossos padrões de comportamento em vidas anteriores. Da mesma forma, podemos inferir o tipo de renascimento que teremos com base nos nossos hábitos mentais atuais. Se as nossas mentes forem predominantemente não virtuosas, é bem provável que tenhamos um renascimento desafortunado; e se as nossas mentes forem, de maneira geral, virtuosas, provavelmente renasceremos em um dos reinos afortunados.

Atingir ou não atingir a liberação em determinada existência não é uma questão de sorte. O grau de maturidade espiritual que trazemos a essa vida, desenvolvido em renascimentos anteriores, é um fator crítico. Isso é geralmente muito difícil de se mensurar, especialmente porque as marcas de práticas espirituais anteriores podem permanecer latentes durante a maior parte da vida, esperando pelo catalisador adequado para o seu surgimento. A influência mais evidente sobre o grau de desenvolvimento espiritual é a qualidade e a perseverança da nossa prática nesta vida. Todos nós temos o potencial para alcançar a liberação, mas poucos de nós cultivam as condições internas e externas necessárias para isso nesta vida.

A motivação é crucial. Podemos nos dedicar a ações virtuosas, mas para onde isso irá nos levar? Para férias agradáveis em um reino celestial dos devas? Para renascer como um asura beligerante, ou para uma vida humana em que estaremos rodeados de prosperidade material e de empobrecimento espiritual? A situação para qual o nosso carma virtuoso nos leva é, em grande parte, determinada pela motivação para o nosso comportamento. Se levarmos uma vida virtuosa esperando obter ganho material, prestígio e influência nas vidas futuras, é para essa situação que as nossas ações nos levarão. Se as ações aparentemente virtuosas forem dedicadas apenas às oito preocupações mundanas nesta vida, essas aspirações poderão ser satisfeitas sem gerar qualquer benefício para as vidas futuras. Isso também é verdade com respeito à meditação. Se praticarmos com o objetivo de desenvolver clarividência ou poderes psíquicos, a meditação não terá qualquer importância em termos de um verdadeiro desenvolvimento espiritual.

As impressões cármicas das nossas ações passadas podem ser comparadas ao combustível que nos impulsiona de uma vida para outra, e a motivação por trás dessas ações são como o mecanismo de direção. Se o nosso principal incentivo para a prática espiritual for alcançar o despertar espiritual mais pleno possível para o benefício de todos os seres, esse será o fruto do nosso trabalho. Mesmo que muitas das nossas ações virtuosas pareçam insignificantes, seu poder cármico nos levará adiante no caminho espiritual não apenas nesta vida, mas ao longo de todas as nossas vidas, até que o estado de buda seja atingido. Em vez de nos levar a prazeres inúteis no reino dos devas e assim por diante, essas impressões cármicas virtuosas nos levarão a situações mais propícias ao nosso desenvolvimento espiritual. Esforçarmo-nos para manter essa continuidade do despertar gradual de uma vida para a próxima é muito mais importante do que contar com a realização do estado de buda em qualquer uma das nossas vidas.

7

Os portões para a liberdade

A liberação do sofrimento

*N*os capítulos anteriores, nós examinamos as duas primeiras das Quatro Nobres Verdades – a verdade do sofrimento e a verdade da origem do sofrimento. Os ensinamentos do Buda sobre esses temas fazem uma afirmação avassaladora: os problemas que vivenciamos – o descontentamento, a frustração e a angústia – e as causas essenciais do sofrimento – a ignorância, o ódio e o apego – podem perdurar para sempre. O ciclo de insatisfação é autoperpetuador. Enquanto ignorarmos as causas internas do sofrimento e dedicarmos as nossas vidas às preocupações mundanas, continuaremos sujeitos à infelicidade.

Se levarmos essa afirmação a sério, nos depararemos com a seguinte pergunta: "Uma vez que o fluxo de consciência é indestrutível, é possível diminuir, ou mesmo dissipar completamente o sofrimento e as distorções mentais que causam sofrimento? É possível tornar-se inteiramente livre das aflições da mente? Em outras palavras, é possível ser completamente são?"

A resposta do Buda é: "Sim, isso é possível".

Nós temos o potencial para sermos livres do descontentamento porque há uma maneira de identificar a sua causa primária e extirpá-la. Essa causa é a ignorância, e o Buda enfatizou fortemente o papel central da ignorância que concebe erroneamente um eu inerentemente existente. O antídoto para essa ignorância é a compreensão de que o eu que é concebido não existe realmente. A realização verdadeira da ausência de um eu Intrínseco altera profundamente a mente. Aquele que obtém esse *insight* não conceitual é chamado de *ārya* e, para essa pessoa, a liberação final do ciclo de existência é uma certeza.

A ignorância desaparece conforme a mente vai se tornando completamente saturada com essa realização, que é vivenciada repetidamente. Como resultado, as outras aflições mentais que derivam da ignorância também desaparecem. A pessoa será então libertada, não apenas da acumulação de novos carmas, já que o apego e a aversão foram extintos, como também deixará de ser impulsionada para renascimentos futuros pelo poder de carmas anteriores. Na ausência de distorções mentais, os carmas anteriores não podem ser ativados e chegar à fruição. Uma pessoa que alcançou essa liberação é chamada de *arhat*.

Existem dois tipos de *nirvana*, ou liberação, chamados *nirvana com resíduo* e *nirvana sem resíduo*. Nirvana com resíduo significa que a pessoa ainda tem um corpo. Vamos imaginar que você atinja o nirvana com cinquenta e dois anos de idade, e então viva mais trinta anos. Pelo resto de sua vida, não há nenhuma possibilidade de você ser afligido por eventuais distorções mentais. Você viverá em perfeita sanidade.

Você poderá sentir alguma dor? Os relatos budistas sobre os *arhats* sugerem que eles não sentem sofrimento mental, nem medo e nem ansiedade. O *arhat*, de fato, experimenta sensações físicas de dor, mas não se identifica com elas. A ignorância não o faz apegar-se a essas sensações com a noção de que é o "meu" corpo que está doente. Assim, embora a dor seja percebida, ela não domina a mente do *arhat*. Há a consciência de que o corpo está doente no sentido convencional, e a dor está servindo ao propósito de chamar a atenção para a doença física.

A característica definitiva comum a todos os *arhats* é que eles estão livres de distorções mentais. Mas em termos de qualidades virtuosas de sabedoria e compaixão, as capacidades dos *arhats* diferem muito de um para outro. Havia muitos *arhats* entre os discípulos do Buda, e alguns eram famosos por diferentes virtudes excepcionais. Śāriputra, por exemplo, era conhecido como o mais sábio de todos os discípulos *arhats*, e Maudgalyāyana tinha clarividência e poderes sobrenaturais espetaculares.

Vale a pena fazer um último comentário sobre o nirvana com resíduos. Anteriormente foi dito que praticamente toda a experiência de prazer mundano é meramente uma redução do descontentamento. Porém não será também verdade que todo sofrimento se deve a uma diminuição da alegria? Há alguma relação de dependência entre prazer e dor? Se sim, como poderiam os *arhats* sentir alegria se eles já não têm qualquer infelicidade com a qual compará-la? Em outras palavras, se a alegria e a tristeza são uma dualidade, como para cima e para baixo, ou superior e inferior, não seria impossível identificar um na ausência do outro?

Para responder a isso, devemos notar que os *arhats* não perdem a memória ao alcançarem a liberação. Eles são capazes de lembrar do seu próprio sofrimento anterior à liberação e, portanto, o estado de bem-estar sem precedentes de fato ocorre em relação ao antigo descontentamento, e eles podem facilmente comparar seu estado com o dos outros.

Num âmbito mais profundo, é importante reconhecer que o bem-estar que emana da profunda sanidade de um *arhat* é radicalmente diferente da felicidade de uma pessoa comum. As alegrias de pessoas como nós, que não estão liberadas, são normalmente dependentes de condições externas favoráveis; e apreendemos esses sentimentos agradáveis como intrinsecamente "meus". O Buda chamou esse prazer de "contaminado", e observou que ele é, na verdade, uma modificação do sofrimento.

A alegria de um *arhat*, ao contrário, surge a partir da profunda sanidade e equanimidade da sua própria mente, livre do sentimento de algo inerentemente "meu". É um estado de bem-estar que transcende a dualidade de alegria e tristeza contaminadas e não pode ser concebido ou expressado por qualquer pessoa cuja experiência seja limitada a essa dualidade.

Embora neste momento não sejamos capazes de experimentar essa alegria transcendente, podemos aspirar a alcançá-la. Em vez de sairmos para nos divertir, podemos ficar em casa para encontrar equilíbrio. Em vez de tentar mudar o ambiente e os nossos companheiros para aliviar o nosso descontentamento, podemos olhar para dentro, para podermos identificar a sua causa. Ao acalmar a mente e ter um descanso da turbulência do pensamento compulsivo, nós experimentamos uma nova sensação de bem-estar.

Para as pessoas não iluminadas essa felicidade é transitória, porque depende de uma estabilidade e clareza da mente que são temporárias. Mais cedo ou mais tarde, as distorções mentais subjacentes a essas qualidades perturbarão a equanimidade mental, e o bem-estar irá desaparecer. Por esse motivo, a realização do *samādhi* na prática budista é vista, não como um fim em si mesmo, mas como um estado de consciência útil para explorar a natureza essencial da realidade. O *insight* meditativo assim atingido dá acesso a uma equanimidade mais profunda, uma experiência ainda mais intensa de bem-estar. Essa qualidade existencial se torna indestrutível quando as distorções da mente são completamente dissipadas.

Até que o *arhat* morra, diz-se que ele atingiu o nirvana com resíduo, pois ele ainda tem um corpo que foi produzido pelo carma. Quando o *arhat* morre, ele é libertado do corpo e de todos os outros efeitos completamente amadurecidos do carma, e nesse momento ele atinge o nirvana sem resíduo. O que acontece com esse *arhat*? Ele é aniquilado, apagado como a chama de uma vela? Há alguns que erroneamente afirmam isso. Assumem que, já que o *arhat* está liberado de todos os efeitos mentais e físicos do carma, incluindo o renascimento no ciclo de existência, ele simplesmente desaparece com a morte.

Essa interpretação do budismo merece o rótulo de "negadora do mundo". Aqueles que a adotam, veem toda a existência senciente como se estivesse saturada pelo sofrimento, o que os motiva a buscar por um fim à existência. Isso sugere que o universo inteiro é uma tragédia cósmica, e a culminância do esforço espiritual é autodestruir-se com uma perfeição que o mero suicídio é incapaz de alcançar.

Essa visão niilista da existência não consegue penetrar o sentido de nirvana conforme ensinado pelo Buda. A experiência de nirvana sem resíduo está além do escopo dos conceitos humanos, incluindo as nossas ideias reificadas de existência e não existência. Um *arhat* nesse estado nunca mais será forçado a renascer pela força do carma, mas, de acordo com o budismo tibetano, o *arhat* poderá renascer por compaixão. Esse ser também poderá renascer para dedicar-se a práticas que dissipem obscurecimentos extremamente sutis que impossibilitem a onisciência. Esses são os últimos véus que devem ser removidos para que eles alcancem o despertar espiritual completo de um buda.

Entrando no caminho

Tendo explicado a verdade do sofrimento, sua origem e sua cessação, o Buda ensinou o caminho para a liberação e para o despertar espiritual. Antes de prosseguirmos, vale a pena perguntar:

Por que a cessação do sofrimento deve ser a meta da nossa prática espiritual? As religiões teístas enfatizam a união com Deus, enquanto as tradições filosóficas dedicam-se mais a obter o conhecimento da Verdade Suprema. O desejo de ser livre de sofrimento pode ser visto como uma expressão de covardia, sem qualquer aspecto particular de nobreza. Todo mundo quer se livrar da dor, incluindo os sapos e os peixes. Não deveríamos aspirar a algo mais elevado?

O desejo de união com Deus, a realização da Verdade Suprema e a liberação do sofrimento por meio da purificação completa da mente são essencialmente expressões diferentes de um mesmo anseio. Eles podem diferir em profundidade de acordo com a compreensão de cada um, mas têm muito em comum. Sem argumentar que o desejo de se livrar do sofrimento seja necessariamente uma motivação superior, pode-se dizer que existem algumas vantagens práticas.

Por um lado, o desejo de se livrar da dor é de fato algo que compartilhamos com todos os seres sencientes. Reconhecer essa motivação para a busca espiritual reafirma a nossa conexão com todos os seres vivos. Não nos engrandecemos como "pessoas espirituais" nos colocando acima de todos os seres. Esse sentimento de conexão nos auxilia na prática do *Dharma*.

Certamente não há nada de errado com a nobre aspiração à união divina ou a uma experiência direta da Verdade. No entanto, existe o perigo de vermos isso como algo separado e sem qualquer relação com os acontecimentos do dia a dia que compõem as nossas vidas. O que essas buscas sublimes têm a ver com a ansiedade que brota ao descobrirmos que alguém está movendo uma ação contra nós, ou com os conflitos com os cônjuges ou filhos, ou com uma infinidade de outros problemas e irritações?

É essencial reconhecer que, embora a prática do *Dharma* nos conduza a experiências que podem ser chamadas de união divina ou de experiência da Realidade Última, ela também oferece meios práticos para respondermos com lucidez a todos os acontecimentos da vida diária. Aprender a aceitar o infortúnio sem desânimo ou hostilidade é um passo em direção à transcendência final.

Quando o Budadharma é praticado desde os seus fundamentos, ele produz benefícios tangíveis em nossas vidas rapidamente. Pode ser difícil penetrar a Verdade Suprema rapidamente, mas descobrimos que o nosso comportamento pode reduzir gradualmente os conflitos em nossas próprias vidas e com as pessoas ao nosso redor. A raiva não surge mais tão frequentemente ou tão intensamente, e com a redução do apego, a ansiedade e o estresse também diminuem. Um dos resultados dessas transformações é que sentimos uma equanimidade e um bem-estar cada vez maiores.

O Buda ofereceu ensinamentos para nos ajudar a produzir essas mudanças em nossas vidas. Seu papel não é nos julgar ou nos punir pelas nossas falhas. Em vez disso, ele é conhecido como o Grande Médico. Sua tarefa é mostrar como os seres sencientes podem se curar das aflições mentais e dos tipos de comportamento não virtuosos resultantes que perpetuam a dor e a infelicidade.

Tomando refúgio

A porta de entrada para o caminho budista da liberação é tomar refúgio no Buda, no *Dharma* e na comunidade espiritual, conhecida como *Saṅga*. Tomar refúgio implica compromisso total com esse caminho espiritual e com quem o revelou – o Buda. Isso não significa que a pessoa não possa se dedicar a certas práticas budistas sem fazer tal compromisso. Vários métodos budistas podem ser praticados por pessoas com outras crenças e ideologias. Mas para que seja possível progredir ao longo do caminho budista, a confiança e o comprometimento são essenciais.

A noção de tomar refúgio pode parecer estranha até reconhecermos as muitas maneiras pelas quais nós já tomamos refúgio, colocando a nossa confiança ou a nossa fé em outras pessoas, instituições, e assim por diante. A maioria de nós toma refúgio nos bancos ao confiá-los nossas economias. Quando adoecemos, tomamos refúgio nos médicos; tomamos refúgio no governo para proteger o nosso país, para educar os nossos filhos e para garantir a nossa aposentadoria.

Antes de analisarmos a prática budista de tomar refúgio, vamos fazer uma pausa e refletir: Onde temos depositado a nossa confiança, e que frutos temos colhido?

No budismo, falamos de *refúgio temporal* e de *refúgio absoluto*. Reconhecendo um problema mundano, ou temporal, podemos tomar refúgio em alguém ou algo que seja capaz de nos proteger do mal ou de nos desvencilhar de alguma dificuldade. Os budistas devotos, por exemplo, não hesitam em tomar refúgio temporal em um médico quando estão doentes. Portanto, o refúgio temporal diz respeito a uma ampla gama de questões sobre o nosso bem-estar limitadas a esta vida.

O refúgio absoluto, por outro lado, refere-se ao bem-estar para além desta vida. Tomamos refúgio absoluto para nos proteger dos perigos em vidas futuras, para cortar as raízes do descontentamento, e para desvendar todo o potencial para o despertar espiritual.

No contexto do budismo, há duas causas para a tomada de refúgio: a primeira é um claro reconhecimento da nossa situação atual; a segunda é ver que a ajuda está disponível.

No primeiro caso, podemos começar observando as nossas próprias mentes, que, sabemos, são frequentemente afligidas por distorções mentais. Examinando nosso comportamento, podemos constatar que ele também é muitas vezes negativo. Podemos aceitar a observação do Buda de que as impressões cármicas futuras dessas ações serão desastrosas. Assim, reconhecer nossa situação atual é ver que estamos em perigo, tanto nesta como em vidas futuras.

Reconhecer essa dificuldade pessoal não nos leva necessariamente a tomar refúgio no Buda ou em qualquer outro líder espiritual. Algumas pessoas inclinadas à espiritualidade acham que os ensinamentos religiosos são antiquados e, portanto, não são mais relevantes para o mundo moderno. Outros recusam-se a se comprometer, duvidando da autenticidade dos ensinamentos espirituais tão distantes no tempo dos professores originais. A solução para eles é muitas vezes tomar refúgio em si mesmos, experimentando uma variedade de práticas de uma ou de diversas tradições espirituais.

O fato de a distorção fundamental da mente criar um falso senso de identidade pessoal complica ainda mais o problema. O individualista mais austero pode definir um caminho espiritual com a determinação: "Eu quero curar minha mente dessa falsa noção de eu". Imagine que essa pessoa pratique meditação, atinja um elevado grau de estabilidade e clareza mental, e adquira um grande conhecimento espiritual. Há um grande perigo de que cada uma dessas realizações sirva apenas para inflar ainda mais a falsa noção de um eu. Assim, embora se esforce diligentemente no caminho espiritual, essa pessoa está, na verdade, alimentando a própria fonte de distorções mentais e sofrimento.

A primeira causa para a tomada de refúgio é reconhecer o risco que corremos neste momento e a nossa incapacidade de nos libertarmos por conta própria. A segunda causa é reconhecermos que a ajuda está disponível e nos entregarmos a essas fontes de refúgio.

Os principais objetos de refúgio na prática budista são o Buda, o *Dharma*, ou o caminho espiritual que ele revelou, e a *Saṅga*, ou comunidade espiritual de *āryas*. Tomar refúgio nessas "Três Joias" é depositar a nossa confiança nelas, com a certeza de que não seremos enganados. Essa etapa não implica um salto de fé cega, nem requer uma compreensão completa das qualidades das Três Joias.

De um modo geral, há duas maneiras de desenvolver fé nas Três Joias. Uma delas é por meio do estudo sobre as qualidades e a vida do Buda; outra é colocar os ensinamentos do Buda à prova por meio da nossa própria experiência e compreensão.

Nas escrituras budistas podemos ler sobre a compaixão e a sabedoria que o Buda manifestou para com os outros, mesmo para com aqueles que tinham a intenção de prejudicá-lo, e há muitos relatos sobre seus poderes extraordinários e sobre o seu elevado nível de consciência.

Desenvolver fé dessa maneira é bastante pessoal, similar à fé que podemos desenvolver ao observar as qualidades nobres do nosso mentor espiritual. Podemos sentir que esses ensinamentos são autênticos devido às qualidades extraordinárias de quem os despertou, e podemos nos entregar ao *Dharma* devido a nossa fé em um mentor, que representa o Buda.

A outra abordagem para desenvolver a fé é por meio da investigação da visão de mundo budista, examinando criticamente seus princípios por meio da lógica e do raciocínio. Devemos testar as práticas ensinadas pelo Buda, e testemunhar por nós mesmos as transformações que produzem. Dessa forma, podemos experienciar uma apreciação e uma reverência cada vez maiores pelo Budadharma, e isso conduz à fé em sua fonte, o Buda.

Os objetos de refúgio

O que faz com que o Buda, o *Dharma* e a *Saṅga Saṅga*. sejam dignos de ser tomados como objetos de refúgio? Em primeiro lugar, um buda é livre, não apenas de todas as distorções mentais como os *arhats*, como também de obscurecimentos cognitivos ainda mais sutis. Os budas são definitivamente livres de todo o medo e de todos os perigos, e são hábeis em conduzir outros à liberdade. Eles sentem uma grande compaixão por todos os seres vivos, e oferecem o *Dharma* a todos, sem discriminação. Independentemente do que fizeram ou não do que não fizeram aos budas, eles não demonstram nenhum favoritismo, e tratam a todos com a mesma amorosidade.

O Buda histórico é a fonte do *Dharma* ao qual os budistas se entregam. O *Dharma* pode ser entendido de duas maneiras: como realização espiritual e como ensinamentos que levam a essa realização.

A *Saṅga* origina-se da prática do *Dharma*. Estritamente falando, a Saṅga se refere apenas aos *āryas* que alcançaram a realização não conceitual da verdade suprema. De forma mais geral, refere-se à comunidade de praticantes espirituais. Os companheiros praticantes podem ser uma ajuda vital à medida que progredimos ao longo do caminho, pois muitos deles estão muito mais avançados do que nós, e mesmo aqueles que estão no mesmo nível que nós, podem ter importantes *insights* para compartilhar conosco. Eles nos oferecem orientação experiencial e servem como exemplos vivos da prática do *Dharma*. E por fim, eles podem ser uma grande fonte de inspiração, porque neles podemos ver os benefícios tangíveis da prática espiritual.

Os refúgios no Buda, no *Dharma* e na *Saṅga* podem ser entendidos por meio de uma analogia bastante comum no budismo tibetano. Tomamos refúgio por necessidade, como uma pessoa acometida por inúmeras doenças. O Buda pode então ser comparado a um médico, o *Dharma* ao tratamento médico e à terapia, e a Saṅga às enfermeiras que cuidam de nós. A principal tarefa do Buda é revelar o *Dharma*, e a da *Saṅga* é ajudar-nos em nossa prática. O refúgio mais direto é o *Dharma*.

Como tomamos refúgio nas Três Joias? Se reconhecermos a necessidade pessoal de refúgio e nos entregarmos ao Buda, ao *Dharma*, e à *Saṅga*, teremos tomado refúgio. Somos então budistas. Podemos celebrar esse passo participando de um ritual de tomada de refúgio com um mentor espiritual, mas o ritual não é essencial. E se não tivermos tomado refúgio internamente, o ritual externo não tem sentido.

O mentor espiritual

Agora vamos imaginar que alguém tomou refúgio sincero nas Três Joias e está pronto para seguir no caminho budista da liberação. É necessário procurar um mentor espiritual para orientação pessoal no caminho? Hoje em dia no Ocidente, o termo guru está um pouco desgastado devido a relatos de cultos à personalidade, exploração, manipulação e fraude. Portanto, devemos começar reconhecendo que ter um guru não é um requisito obrigatório aos budistas.

No contexto budista, o termo guru significa mentor espiritual, e a tradução desse termo em tibetano é *lama*. A palavra em sânscrito significa literalmente "pesado", sugerindo uma plenitude de virtude e *insight*, enquanto o termo tibetano indica *aquele cuja virtude é insuperável.*

Para que serve um mentor espiritual? Digamos que gostaríamos de aprender uma habilidade como a de construir armários. Não há nenhuma lei que diga que temos que estudar com um mestre marceneiro; podemos comprar livros sobre o assunto, comprar nossas próprias ferramentas e aprender sozinhos. Mas ao nos privarmos da ajuda de uma outra pessoa podemos perder muito tempo. Um mestre artesão pode rapidamente nos ajudar a identificar e corrigir as falhas no nosso trabalho; algo que um livro não é capaz de fazer. Isso significa que, com a mesma quantidade de esforço, podemos dominar os fundamentos e desenvolver as nossas próprias habilidades criativas mais rapidamente.

Quanto mais sutil e sofisticada a habilidade ou a disciplina, maior a necessidade de um professor. A disciplina do Budadharma inclui pesquisa psicológica, investigação filosófica, decisões morais e treinamento extenso em meditação, o que demanda dedicação. Talvez não exista nenhum conjunto de conhecimentos e práticas mais sutil e mais sofisticado. Esse caminho espiritual foi concebido para libertar completamente a nossa mente de todas as distorções; e ainda assim, é essa mesma mente aflita que teremos que usar para fazer isso. Esse é um desafio enorme, e para termos sucesso precisaremos de toda a ajuda que pudermos conseguir.

Vamos imaginar que estamos decididos a atingir a liberação por meio do Budadharma, e que queremos encontrar um mentor adequado. Idealmente, deveríamos buscar um buda, pois esse ser dispõe dos melhores recursos para nos ajudar a caminhar mais rapidamente. De fato, o Buda Śākiamuni era tão hábil que, por meio de sua orientação, milhares de pessoas atingiram a liberação. Portanto, se pudermos encontrar um buda para ser nosso professor, não precisaremos buscar mais ninguém.

Se não conseguirmos encontrar um buda, que é livre de todas os obscurecimentos e repleto de todas as virtudes, podemos procurar um *arhat*, que é livre de todas as distorções mentais. Um *arhat* não será tão hábil como um buda, mas tem experiência pessoal de todo o caminho até o nirvana; suas credenciais como mentor espiritual são formidáveis.

Hoje em dia pode ser difícil encontrar budas e *arhats*. Nem todos os seres verdadeiramente libertos proclamam seu próprio grau de realização, e muitas pessoas que afirmam ser iluminadas estão, de fato, deludidas. Se não conseguirmos encontrar um buda ou um *arhat*, que qualidades essenciais devemos procurar em um mentor espiritual? Essa pessoa deve ser bem-versada na teoria e na prática dos três treinamentos que compõem o coração do Budadharma e deve praticá-los em sua própria vida.

O primeiro desses três treinamentos é a disciplina moral. Um mentor espiritual qualificado é aquele que leva uma vida virtuosa, evita prejudicar os outros e presta ajuda sempre que possível. Ele também deve conhecer as relações entre as ações e seus resultados cármicos – as leis morais da natureza que o Buda observou e ensinou. Em segundo lugar, um guru deve ser bem-treinado nos métodos de cultivo de estabilidade e clareza meditativa. Por fim, ele deve ser perfeitamente familiarizado com os ensinamentos do Buda sobre a ausência de identidade, e deve ser experiente no cultivo do *insight* meditativo.

Se encontrarmos alguém ensinando o *Dharma*, vale a pena perguntar: "Por que ele está fazendo isso? Qual é a sua motivação?" Se estiver ensinando para obter algum ganho pessoal de prestígio ou de poder sobre os outros, ele não é um professor do Budadharma, mas sim das oito preocupações mundanas. Um mentor espiritual autêntico orienta os outros motivado pela compaixão.

Se uma pessoa for bem-versada nos três treinamentos de disciplina moral, estabilização meditativa e sabedoria, e ensinar por bondade, trata-se de um mentor espiritual autêntico. Nem sempre é fácil reconhecer essas características. Às vezes, elas podem estar presentes em um guru, mas não conseguimos reconhecê-las; e outras vezes, podem estar ausentes, mas imaginamos que estão presentes.

Esses são os atributos essenciais de um mentor espiritual autêntico. Quais são as características necessárias a um estudante qualificado do *Dharma*? Para que o relacionamento entre os dois possa ser produtivo, o aluno também deve estar bem-preparado. Caso contrário, essa parceria pode não produzir resultados.

Os tratados budistas falam de apenas três pré-requisitos por parte do aluno. O primeiro deles é a imparcialidade ou a ausência de preconceito. Isso implica, entre outras coisas, que o estudante não deve se apegar às suas próprias crenças e suposições, simplesmente por serem suas. Ele busca a orientação de seu mentor com humildade e com a mente aberta.

A segunda qualidade é a inteligência, ou discernimento. O treinamento budista exige perspicácia aguçada para explorar os ensinamentos e entrar na prática. Não é suficiente simplesmente ter fé e seguir ordens cegamente.

A terceira qualidade é a aspiração. Não é suficiente o aluno estudar o *Dharma* simplesmente como um exercício intelectual.

A motivação precisa ser mais do que mera curiosidade ou desejo de adquirir conhecimento; é preciso aspirar a colocar os ensinamentos em prática e a experienciar os frutos do caminho.

Se o aluno tiver essas três qualidades, ele estará em boas condições para reconhecer as qualidades virtuosas de seu mentor. Caso contrário, as falhas do professor poderão ser vistas como virtudes, e suas virtudes poderão ser vistas como deficiências.

A capacidade de nos beneficiarmos de ter um guru depende não só de suas realizações, mas também da profundidade da nossa própria fé e confiança. O conhecimento do professor pode ser muito limitado, mas se nos entregarmos sinceramente à sua orientação, poderemos notar maravilhosas transformações acontecendo em nossas vidas. Por outro lado, um outro professor pode ser extremamente hábil e ter visão e compaixão profundas; ainda assim, se não tivermos fé, não receberemos nenhum benefício.

A responsabilidade do guru é cuidar do bem-estar espiritual de seus alunos da melhor maneira que for capaz. A responsabilidade do aluno é servir o seu mestre. Isso inclui cuidar para que as necessidades físicas de seu mestre sejam atendidas. Mas a forma mais importante de servir um mentor é colocar os seus ensinamentos em prática, tanto quanto possível.

Hoje em dia a questão de servir um guru é delicada, porque temos ouvido muitos relatos de supostos gurus explorando seus devotos, exigindo dinheiro, obediência e adulação. A principal fonte de satisfação de um mentor espiritual autêntico é ver seus alunos se beneficiando do *Dharma*. O que mais o agrada é a dedicação sincera de seus alunos à prática espiritual, e não suas ofertas materiais. E, no entanto, servir um mentor também tem um lugar importante no *Dharma*. Porque se os alunos não oferecerem nada de valor em troca de orientação espiritual, o benefício que receberão de seu mentor pode ser muito limitado. Esse não seria um caso de um guru explorando seus alunos, mas de os alunos explorando o seu guru.

Como devemos ver o nosso mentor espiritual? A tradição budista oferece uma variedade de respostas para essa pergunta, mas a atitude adequada nos estágios iniciais da prática é esta: considere o professor como um representante do Buda. Nós não podemos ter o Buda histórico como mentor pessoal; a melhor aproximação possível é um professor qualificado a quem devemos nos dedicar, uma vez que ele foi treinado em uma linhagem ininterrupta do Budadharma. Essa pessoa tornou-se um receptáculo das palavras do Buda e, para nós, ele representa a sua sabedoria e compaixão.

É responsabilidade de o professor transmitir o Budadharma sem distorção, e adaptá-lo para que se torne mais significativo para a vida de seus alunos. Se isso for feito, é bem possível que alguns de seus alunos atinjam uma realização mais profunda do que a do próprio mestre, pois o *Dharma* que ele transmitiu pode conter conhecimentos que estão além das limitações da sua própria experiência.

O que significa ver o mentor como um representante do Buda? Imagine-se recebendo um emissário particular de um presidente muito estimado de uma nação poderosa. Esse emissário pode não ter as excepcionais qualidades pessoais do presidente, e pode ter inúmeras deficiências como indivíduo. E ainda assim nós não o vemos simplesmente como uma pessoa. Ele é o porta-voz do presidente, e, nesse sentido, o emissário exerce a sua autoridade. Por isso, nós o honramos por seu papel como representante, dando pouca importância a suas falhas pessoais. Por sua vez, o emissário aceita essa honra, reconhecendo que não é dirigida a ele pessoalmente. Da mesma forma, é adequado honrar um mentor espiritual como representante ou emissário do Buda.

Exploramos longamente a tomada de refúgio externo no Buda, no *Dharma* e na *Saṅga* e a dedicação a um mentor espiritual. Mas esses refúgios externos devem ser complementados com o cultivo interno de nossa própria sabedoria. Quando estamos separados dos nossos professores, temos que confiar no nosso próprio discernimento e julgamento – esses também devem ser o nosso refúgio.

Como aplicaremos os ensinamentos a eventos específicos que fazem parte da nossa vida cotidiana? Nenhum guru externo poderá nos guiar para respondermos a cada uma dessas situações em todos os momentos. Precisaremos tomar refúgio na nossa própria sabedoria, que se tornará o guru interno. Em uma relação frutífera entre um aluno e um mentor, o aluno ganha autossuficiência. O ponto culminante desse desenvolvimento ocorre quando a sabedoria do aluno se funde inseparavelmente com a do seu mentor. Essa união se dá quando o aluno se torna um buda. Nesse momento, ele se torna uma fonte de refúgio para os outros, e o fluxo de bênçãos prossegue.

A fundação da prática espiritual

*T*omar refúgio no Buda, no *Dharma* e na *Saṅga* é a porta de entrada para o caminho espiritual budista. Os aspectos específicos da prática espiritual, ou o caminho, têm uma mesma fundação indispensável. Essa fundação é o cultivo de um modo de vida virtuoso ou ético. No budismo, essa fundação é muitas vezes chamada de disciplina moral.

Se passássemos uma vida inteira nos concentrando apenas em estabelecer essa fundação no nosso dia a dia, teríamos iniciado uma prática espiritual sólida, que produziria grandes benefícios nesta e em vidas futuras. No entanto, se tentássemos nos dedicar a outras práticas descritas nos capítulos seguintes, negligenciando a fundação, nossos esforços seriam como construir uma casa sobre areia movediça.

Inicialmente, a disciplina moral enfatiza a coibição do comportamento não virtuoso, ou seja, daquilo que prejudica a nós mesmos e aos outros. Em seguida, a disciplina moral enfatiza a ajuda ao outro.

Hoje em dia, essa ênfase na coibição moral levanta uma séria dúvida na mente de várias pessoas: "Se formos basear nossas vidas em um conjunto de regras proibitórias, nossa espontaneidade natural será cerceada. Como pode um caminho espiritual que restrinja a liberdade pessoal conduzir à liberação?" Para responder a isso, vamos analisar algumas das expressões da nossa espontaneidade "natural". Imagine que você acabou de comprar um carro novo, e alguns dias depois, vemos uma pessoa esmurrando a porta do carro porque ela está aberta e bloqueando a saída do estacionamento. Para muitos de nós, a reação espontânea seria de raiva, o que poderia nos levar a revidar. Enquanto estiver sendo torturado por essa aflição mental, você é tudo, menos livre, e ainda assim, estaria agindo "espontaneamente".

A questão é óbvia: grande parte da nossa "espontaneidade" é dominada por distorções mentais, que levam a comportamentos não virtuosos, prejudiciais a nós mesmos e aos outros. Somos limitados por essas aflições. A prática budista, a começar pela coibição moral, foi concebida para nos libertar dessas fontes de angústia. Do ponto de vista budista, esse tipo de "espontaneidade" não tem nada de espontâneo; na verdade, é uma forma de sofrimento, a primeira das Quatro Nobres Verdades e o ponto de partida dos ensinamentos do Buda.

É verdade que a nossa espontaneidade é, em alguma medida, virtuosa, e o desafio é dirigir todas as respostas naturais na direção da virtude. Às vezes, nossos hábitos mentais dolorosos são tão rígidos que parecem ter sido esculpidos na pedra. E, além disso, o fluxo de pensamentos e emoções está constantemente mudando, a todo momento, como um riacho descendo pela encosta de uma montanha. Como podemos conduzir o nosso comportamento em direção à espontaneidade perfeitamente virtuosa, libertando-o de seus padrões habituais? Por meio de um esforço contínuo e persistente.

Isso é muito difícil no início e, às vezes, é bem desanimador. Mas, gradualmente, nós podemos mudar a forma como pensamos. Os velhos hábitos nocivos não se afirmarão tão automaticamente; e os pensamentos, as emoções e outros comportamentos tenderão a ser mais saudáveis. A chave para essa poderosa transição é a prática espiritual consistente, o que leva à espontaneidade harmoniosa e à verdadeira liberdade.

Disciplina moral e crescimento espiritual

O caminho do despertar espiritual budista inclui muitas práticas concebidas para produzir transformações profundas na consciência, que vão desde métodos para estabilizar a mente até meios de cultivar o *insight* e a compaixão. Muitos aspirantes espirituais descobriram por si mesmos que, se não conseguirem estabelecer uma base de disciplina moral, essas práticas serão simplesmente ineficazes. Sem essa base moral, tendências negativas poderosas que permanecem na mente podem ser facilmente acionadas por técnicas de meditação mais profundas. Quando isso acontece, o praticante pode adoecer repentinamente ou sofrer um grande trauma psicológico. Às vezes, essas aflições desaparecem tão logo se interrompe a prática que as desencadeou; mas podem perturbar o sistema nervoso profundamente e os sintomas nocivos podem perdurar por anos.

Há sinais menos drásticos do apoio insuficiente da disciplina moral ao crescimento espiritual. Por exemplo, como resultado de práticas devocionais e meditativas, o praticante pode experimentar momentos de mudança radical da consciência. A noção de dualidade entre sujeito e objeto pode desaparecer de repente; pode-se experimentar um espontâneo fluxo de amor para com todos os seres; ou pode-se sentir uma corrente impressionante de poder fluindo de uma fonte aparentemente insondável. No entanto, se a qualidade ética da vida do praticante não fornecer um contexto harmonioso para essas experiências sublimes, elas desaparecerão rapidamente, como uma semente que germina em solo infértil.

O principal foco de uma motivação autêntica para a prática espiritual não deve ser os benefícios visíveis que podem ser atingidos nesta vida. Em vez disso, concentra-se mais nos efeitos em longo prazo, em existências futuras, estendendo-se por todo o caminho para a iluminação, ao longo de muitas vidas. É nessa perspectiva que a importância da disciplina moral é mais crucial. Sem essa fundação – independentemente da suposta profundidade da prática espiritual ou das técnicas esotéricas – há pouca chance de se obter renascimentos futuros favoráveis à prática espiritual.

De acordo com os ensinamentos budistas, se renascermos em um reino da existência desfavorável devido à falta de disciplina moral, a prática do *Dharma* certamente ficará paralisada. Quando isso acontecer, podem ser necessárias várias vidas até que as condições favoráveis surjam novamente e que a prática possa prosseguir.

A fundação de disciplina moral estabelecida por meio do cultivo de um comportamento virtuoso traz harmonia interior aos pensamentos, emoções e comportamentos. O praticante vivencia uma serenidade revigorante, calma e plena de vitalidade, uma qualidade que transforma o relacionamento com os outros. A discórdia e os conflitos interpessoais são abrandados, e um espírito de cooperação amistosa surge espontaneamente.

Como mencionado anteriormente, a ética budista inicialmente enfatiza mais a coibição moral do que "fazer o bem". No início, precisamos reconhecer como os nossos comportamentos mentais, verbais e físicos criam desarmonia nas nossas próprias vidas e nas interações com os outros. Podemos gastar uma grande quantidade de energia em exercícios engenhosos, terapias e outras técnicas para lidar com o estresse e a ansiedade. Mas, enquanto os comportamentos não virtuosos que de fato produzem esses problemas persistirem, a verdadeira cura não ocorrerá.

As sementes de virtude já estão presentes em nossas mentes. A coibição moral prepara o terreno, removendo as pedras e as ervas daninhas do comportamento não virtuoso que impedem a germinação das sementes. Cria espaço para que as sementes se desenvolvam. O crescimento espiritual não é um ato de vontade, nem um produto direto de terapia ou de técnicas espirituais. Em vez disso, é um florescimento da perfeição que já existe em nós e que se torna possível por meio da prática espiritual, cuja fundação é a moralidade.

As dez ações não virtuosas

Podemos construir uma base ética sólida para a prática espiritual, evitando o que os budistas chamam de *as dez ações não virtuosas*. Essas dez ações foram enfatizadas pelo Buda, porque ele compreendeu que essas ações têm efeitos especialmente negativos nesta e em vidas futuras. Ao estabelecer diretrizes morais, o papel do Buda não é o de um legislador ou de um juiz, mas de um médico. Assim como um médico aconselha o paciente a evitar certos tipos de comportamento que agravam a sua doença, do mesmo modo, o Buda ofereceu conselhos a seus seguidores a respeito de restrições de caráter moral.

Os tratados médicos tibetanos clássicos, que os tibetanos acreditam estar fundamentados nos ensinamentos do Buda, são baseados na moralidade. Eles começam prescrevendo determinados comportamentos, dietas, e assim por diante, para tratar doenças específicas. Em seguida, de acordo com os diferentes tipos de metabolismo, dão instruções mais gerais para prevenir as doenças antes que ocorram. Por fim, oferecem conselhos fundamentais sobre o comportamento que levará a uma boa saúde nesta e em vidas futuras. Esse comportamento consiste em coibir as dez ações não virtuosas, conforme ensinado pelo Buda.

Segundo a medicina tibetana, todos os distúrbios físicos provêm fundamentalmente da ignorância, do apego e da raiva. Então, aquele que busca um estado duradouro de boa saúde, precisa superar essas aflições subjacentes.

Durante o início da década de 1970, tive o privilégio de passar um ano na casa de Yeshe Dönden, um médico tibetano que naquele tempo era o médico pessoal de Sua Santidade o Dalai-Lama. Certa vez, eu perguntei: "Qual é a relação entre a medicina tibetana e o *Dharma*?" Ele olhou surpreso para mim, achando a pergunta engraçada e respondeu enfaticamente: "Esta medicina é o *Dharma*!"

Vamos analisar agora a coibição das dez ações não virtuosas, que forma a base da ética budista. As três primeiras são ações físicas, as quatro seguintes são verbais, e as três últimas são mentais. A primeira das dez ações não virtuosas é tirar a vida de um ser senciente. Isso não inclui plantas. Embora o budismo reconheça que as plantas tenham vida, não as considera seres conscientes, sencientes. Assim, colher uma plantação de trigo, por exemplo, não é considerado matar.

Para acumular o carma de matar, e para que as marcas geradas por essa ação no nosso fluxo mental sejam plenamente potentes, quatro fatores devem estar presentes quando o ato é cometido.

O primeiro é chamado de *condição necessária*; nesse caso, um outro ser senciente que será morto.

O segundo é a *intenção*, que inclui o reconhecimento pelo assassino de que o objeto a ser morto é um ser senciente. A intenção também deve ser dominada por uma distorção mental, seja esta a ignorância, o apego, ou a raiva; e deve haver a intenção de matar.

O terceiro é o *ato*, ou seja, o procedimento seguido. O procedimento pode ser direto, como quando alguém dá um tapa em um mosquito ou atira em um cervo; ou pode ser indireto, quando se ordena que alguém mate. Por exemplo, o comandante dos soldados no campo de batalha é carmicamente responsável, juntamente com suas tropas, por toda a matança que ele supervisiona, embora nunca tenha disparado um só tiro.

O quarto fator é a *consumação* do ato: a vítima morrendo diante do assassino.

A segunda das dez ações não virtuosas é roubar, ou mais literalmente, tomar o que não foi dado. A condição necessária é algo que pertença a outra pessoa. O ladrão reconhece isso, e age para tomá-lo. Simplesmente roubar o que pertence a outra pessoa é um método muito óbvio, mas também podem ser utilizados outros meios muito mais tortuosos de truques e trapaças. A consumação do ato ocorre quando se pensa: "Isto agora é meu".

Quando esses quatro fatores do ato de roubar estão presentes, as impressões cármicas depositadas no fluxo mental certamente trarão infelicidade nesta ou em vidas futuras, a menos que sejam tomadas medidas para neutralizar a sua potência.

A terceira ação é a má conduta sexual. Isso inclui uma variedade de comportamentos sexuais, mas este não é o momento para uma explicação muito detalhada. A principal forma de má conduta sexual é manter relações sexuais com o cônjuge de outra pessoa. Outro exemplo é manter relações sexuais com uma criança ou com um jovem que ainda está sob os cuidados dos seus pais. A condição necessária, a intenção, o procedimento e a conclusão podem ser inferidos a partir dos exemplos anteriores de matar e roubar.

Das quatro ações não virtuosas verbais, a primeira é mentir. A ação pode ser vocal, mas também inclui enganar alguém intencionalmente com um aceno de cabeça ou um gesto. É possível mentir até mesmo mantendo o silêncio.

Difamar, o segundo dos atos verbais, depende da motivação. Imagine duas pessoas, ou duas ou mais comunidades, que têm uma relação harmoniosa. Se um terceiro fala com a intenção de criar desarmonia ou desconfiança entre elas, isso é difamação. Ou, se ambas as partes já estão em desacordo, e um terceiro fala com o objetivo de evitar uma reconciliação, isso também é difamação. Essa fala pode ser verdadeira ou falsa – ainda assim é difamação.

O terceiro dos atos verbais é insultar. Tal como acontece com a difamação, o que determina se as palavras são abusivas ou não é a motivação. Se alguém fala com a intenção de infligir dano, isso é insultar; e, como sabemos, insultos podem trazer mais sofrimento ao outro do que danos físicos. O insulto pode ser direcionado à pessoa com quem se está falando, ou pode ser direcionado a outra pessoa. Em qualquer caso, tão logo se pronuncia as palavras para infligir dano, a pessoa acumula o carma de insultar.

Com essa breve introdução aos atos de difamar e de insultar, vamos rever o nosso próprio comportamento verbal. Podemos achar que, de vez em quando, nós de fato falamos sobre os erros dos outros, dizendo que tal pessoa é vaidosa, agressiva ou egoísta. Assim que falamos sobre as falhas de outra pessoa com uma motivação não virtuosa, seguramente essa fala será não virtuosa. Certamente será abusiva ou difamatória, e se exagerarmos, poderemos acumular também o carma de mentir.

Então, podemos nos perguntar: "Quando é apropriado falar sobre as falhas de outras pessoas?" A resposta é: "Quase nunca". Se, algum dia, sentirmos a necessidade de falar sobre as falhas de alguém, o conselho é olharmos primeiramente para o nosso coração para ver se estamos sendo motivados por alguma distorção mental. Se descobrirmos que a nossa intenção é completamente virtuosa, que se trata de um desejo sincero de beneficiar a outra pessoa, então podemos prosseguir, baseados na nossa plena capacidade de sabedoria e de bondade.

Muitas pessoas descobrem que por esse simples ato de disciplina, suas mentes tornam-se mais serenas. Tente se lembrar de uma pessoa que raramente ou nunca fala sobre as falhas dos outros. Sentimo-nos muito à vontade com essa pessoa, porque se nunca a ouvimos falar sobre as deficiências dos outros, podemos estar certos de que ela também não fala mal de nós pelas costas. Essa simples contenção cria harmonia na mente da pessoa de quem a pratica, e também é revigorante para os outros.

Falar inutilmente é a quarta das más ações verbais. Para a fala ser incluída nesta categoria, ela deve ser estimulada por uma distorção mental. Então, quando nos envolvemos em uma conversa casual e amigável, não precisamos ter receio de estar fazendo algo prejudicial. Mas se a fala for dominada por qualquer distorção mental, incluindo o apego, ela então passa a ser uma forma de fala inútil, mesmo que não esteja associada às três más ações verbais. Além disso, ao contrário das outras três, podemos acumular o carma de falar inutilmente sem que ninguém ouça uma só palavra. Os mestres budistas tibetanos comentam que a fala inútil é a mais inócua das dez ações não virtuosas, mas é também a maneira mais fácil de desperdiçar a vida.

A primeira das três ações não virtuosas mentais é a avareza. Essa implica focar algo que pertence a outras pessoas, e desejar que venha a nos pertencer. Esse ato é completamente mental, e é consumado quando se pensa: "Esse objeto pode ser meu".

A maldade é a segunda das três não virtudes mentais. Cometemos essa ação não virtuosa sempre que desejamos o mal a outro ser vivo. A maldade pode ser bastante focada na intenção de trazer infelicidade a outra pessoa, ou pode ser uma atitude mais geral de esperar que o outro passe por maus momentos.

O que podemos fazer quando esses pensamentos invadem a nossa mente? Podemos desejar levar vidas virtuosas, éticas, e mesmo assim, algumas vezes, a mente sai do controle, arrastada por distorções mentais. Nós já temos tendências latentes à avareza e à maldade, e quando são estimuladas por eventos externos ou pela memória, surgem emoções como a raiva, o ressentimento e o desejo. Não escolhemos – elas simplesmente surgem na dependência das condições internas e externas. No entanto, uma vez que tenham surgido, aí sim temos a escolha de nos identificarmos ou não com essas emoções e pensamentos nocivos, e de dar energia a eles ou não.

Com a prática, é possível observar o surgimento de pensamentos não virtuosos e recusar a segui-los. Deve-se entender claramente que a repressão ocorre quando nos recusamos a reconhecer tendências mentais não virtuosas. Isso não desempenha nenhum papel na prática budista. Em vez disso, somos encorajados a reconhecer claramente a presença de quaisquer distorções mentais que surgirem, reconhecer que elas não são inerentemente "eu" ou "minhas", e, finalmente, evitar contribuir para a perpetuação ou a intensificação dessas distorções. O sábio indiano Śāntideva escreveu o seguinte sobre esse tema:

> Sempre que eu desejar me mover ou falar,
> Primeiro examinarei a minha mente,
> E agirei firmemente de forma adequada.

> Sempre que minha mente se apegar
> Ou for tomada pela raiva,
> Não agirei, e nem falarei.
> Permanecerei como um pedaço de madeira[12].

A última das dez ações não virtuosas é chamada de visões falsas. Sustentar uma visão falsa significa negar a existência de algo que existe. Por exemplo, negar a continuidade da consciência para além da morte, negar que as ações tenham algum significado que vá além dos seus resultados apenas nesta vida, e negar a possibilidade de nos libertarmos das distorções mentais e de suas consequências – para os budistas, todas essas visões são falsas, e aderir a elas traz infortúnio.

---

12 *Bodhicaryāvatāra*, cap. 5, vs. 47-48.

Neutralizando a não virtude

Se desejamos estabelecer uma base ética para a nossa prática budista, é essencial evitar essas dez ações não virtuosas. Podemos estudá-las e memorizar os principais pontos de forma abstrata, mas o verdadeiro desafio é aplicar essa compreensão na vida diária.

Algumas dessas ações, como matar e ter má conduta sexual, são facilmente identificadas, e abster-se de cometê-las demanda vigilância e controle. Mas outras, sobretudo a avareza e a maldade, podem ser muito sutis, e pode ser difícil até mesmo identificá-las.

Vamos considerar a maldade, por exemplo. Se pensarmos um pouco, certamente lembraremos de ocasiões em que pensamos "coloque-se no seu lugar" ou em que quisemos humilhar alguém. Mas em vez de simplesmente sermos levados por essa emoção, é vital dar um passo atrás e reconhecer abertamente: "Isso é maldade. Não é algo que só existe nos livros sobre budismo; não é uma distorção mental abstrata; é algo que está dominando a maneira como eu vejo essa pessoa". É muito útil observar como essa ação mental afeta a mente. A mente fica serena? Sentimo-nos felizes? A nossa inteligência está operando com clareza?

Da mesma maneira podemos analisar como a avareza influencia o nosso estado mental. Quando o Buda classificou essas ações como não virtuosas, ele não se referia apenas aos seus efeitos nocivos em vidas futuras. Essas ações também podem nos prejudicar nesta vida. O dano começa assim que as distorções mentais subjacentes tornam-se ativas.

Conforme colocamos esses ensinamentos em prática eles ganham vida, e nós descobrimos, por nós mesmos, o benefício pragmático de nos abstermos de comportamentos não virtuosos. Aprendemos o quanto pode ser difícil até mesmo simplesmente reconhecer um comportamento não virtuoso, e descobrimos, também, que algumas tendências negativas são muito profundas. Ao vermos a extensão do problema, passamos a ter mais interesse ainda em aprender mais sobre métodos para podermos superar essas tendências.

Purificando marcas cármicas não virtuosas

Assim que nos envolvemos com uma ação não virtuosa, são criadas marcas cármicas no nosso fluxo mental que certamente resultarão em infortúnio, a menos que o poder dessas marcas seja neutralizado. Embora uma ação não possa ser desfeita, as impressões cármicas que são criadas podem ser suavizadas ou até mesmo completamente inativadas. Na prática budista, isso é feito por meio dos quatro poderes oponentes. Essa prática pode nos permitir superar até mesmo as marcas negativas mais poderosas.

O primeiro dos quatro poderes oponentes é o remorso. É vital fazer uma distinção clara entre remorso e culpa, uma outra resposta bastante comum às más ações. O remorso concentra-se na ação, reconhecendo que ela é não virtuosa e prejudicial nesta e em vidas futuras. O sentido do remorso pode ser entendido usando-se uma analogia da tradição do budismo tibetano. Imagine que três pessoas entram em um restaurante e pedem um mesmo prato. Um deles começa a comer primeiro, alguns minutos mais tarde a segunda pessoa começa a comer, e, finalmente, a terceira pessoa começa a comer. Depois de a terceira pessoa ter apenas começado sua refeição, a primeira pessoa aperta o abdômen, gritando de dor; e a segunda também começa a mostrar sinais de desconforto.

Como é que a terceira pessoa reage? Ela não reage com culpa ou autocondenação. Em vez disso, ela naturalmente lamenta ter comido o mesmo que os seus dois companheiros, mas, em vez de remoer o passado, ela tenta rapidamente combater os efeitos do alimento envenenado que acabou de ingerir. O remorso é construtivo. Baseia-se no presente; é uma preocupação inteligente com os efeitos futuros de ações recentes, e isso permite remediar os danos já causados e evitar que o mesmo evento se repita.

Já a culpa, por outro lado, implica geralmente um foco negativo sobre si mesmo: "Eu sou uma pessoa má. Nem eu mesmo me suporto. Sou desprezível". Embora essa resposta possa aparecer com um disfarce religioso, muitas vezes acaba por ser uma forma de preguiça autodepreciativa. No budismo isso é considerado apenas mais uma distorção mental.

O remorso verdadeiro dá início ao processo de purificação, neutralizando qualquer tendência a nos sentirmos satisfeitos após agirmos de forma não virtuosa. Isso é fundamental, porque se nos alegrarmos com qualquer ação, boa ou má, as marcas cármicas correspondentes serão ainda mais potencializadas.

O segundo dos quatro poderes oponentes é a aplicação de um antídoto para a ação não virtuosa. No sentido mais amplo, todas as ações virtuosas estão incluídas aqui, pois toda virtude neutraliza marcas negativas armazenadas no fluxo mental. Quanto mais virtuosa a ação, maior o poder de mitigar as aflições mentais. O cultivo do *insight* sobre a natureza da realidade e o cultivo da bondade amorosa são ambos antídotos muito poderosos.

O terceiro poder oponente é a resolução de evitar a ação não virtuosa no futuro. Se a ação em questão for grosseira, como matar ou roubar, é possível tomar a resolução de impedi-la completamente. Se a ação for mais sutil, ou se for um hábito muito fortemente enraizado, pode ser impossível comprometer-se a não repeti-lo nunca mais. Nesse caso, é melhor tomar a resolução de evitá-lo gradualmente.

O quarto poder é chamado o poder da confiança. Algumas vezes podemos agir de forma não virtuosa com respeito a um ser sagrado, ao *Dharma*, ou a amigos espirituais. Aqui o poder da confiança para um budista significa tomar refúgio em, ou confiar no Buda, no *Dharma*, e na *Saṅga*. Em outras ocasiões, podemos nos comportar negativamente em relação a um outro ser senciente, humano ou não (não pertencentes à *Saṅga*); neste caso, o antídoto é confiar no cultivo da bondade e compaixão para com os outros.

Aplicando esses quatro poderes oponentes, qualquer marca cármica negativa pode ser neutralizada. Se uma ação não virtuosa for especialmente poderosa, o processo de purificação pode fazer com que suas sementes cármicas amadureçam na forma de um sonho ruim ou de uma doença, em vez de um renascimento não auspicioso, que seria o resultado natural. Ou, se aplicarmos os quatro poderes de forma insuficiente, os efeitos cármicos da ação negativa podem ser diminuídos, mas não eliminados.

Podemos procurar sinais de que estamos realmente purificando marcas negativas no nosso fluxo mental. Um deles é óbvio: a redução ou eliminação de comportamentos negativos, tais como as dez ações não virtuosas. Os sinais de purificação também se manifestam em sonhos, como sonhos em que vomitamos uma comida estragada, bebemos leite ou comemos iogurte, vemos o Sol ou a Lua, ou sonhamos que estamos voando ou que o nosso corpo está em chamas. Se qualquer um desses sonhos ocorrer repetidamente durante a prática espiritual, isso sugere que o fluxo mental está sendo purificado das marcas cármicas negativas.

Estabelecendo a base do crescimento espiritual

O Buda enfatizou quatro temas da prática que podem ser muito úteis e inspiradores no cultivo de um modo de vida virtuoso.

O primeiro deles é chamado de *confiança do coração*, que surge a partir da pureza moral. Pureza moral aqui não significa nunca cometer uma ação não virtuosa; em vez disso, significa procurar evitar a não virtude com sinceridade e purificá-la quando ocorrer.

O segundo tema é *vigiar as portas dos sentidos*. Especialmente nas fases iniciais da prática do *Dharma*, é melhor evitar situações que estimulem fortemente as distorções mentais. Isso por si só não é a cura das aflições mentais, mas nos dá espaço para cultivar antídotos virtuosos para as aflições. Essa é a razão pela qual os monges se retiram para mosteiros e os contemplativos vivem em solitude.

Às vezes, porém, nos deparamos com condições não virtuosas de forma não intencional, e nesses momentos é especialmente vital proteger os sentidos. Então, devemos evitar ver ou ouvir coisas que estimulam o apego e a raiva. Proteger ou vigiar os sentidos também significa proteger a mente. Por exemplo, podemos começar a pensar sobre o mal que determinada pessoa nos fez e em pouco tempo estaremos cultivando raiva. O único resultado disso é nos prejudicarmos ainda mais.

Conter a mente nesse tipo de situação significa levar a atenção para longe do objeto que está contribuindo como gatilho para as nossas aflições. Isso requer *atenção plena* no sentido de tomarmos consciência do que a mente está fazendo; e exige *vigilância* no sentido de estarmos a postos para não nos entregarmos a ações mentais não virtuosas. Essas duas qualidades da consciência constituem o terceiro dos quatro temas.

Sem atenção plena e vigilância não existe prática espiritual. Podemos ler e compreender os ensinamentos sobre ética budista, mas assim que deixamos o livro de lado, nosso conhecimento se torna história. Podemos nos envolver em insultos, calúnias, mentiras, e assim por diante, mas sem atenção plena não saberemos que estão ocorrendo, e sem vigilância, as portas do nosso bem-estar serão arrombadas por essas ações. São esses dois fatores mentais que criam a conexão entre os ensinamentos e as nossas vidas.

A atenção plena nos oferece a escolha de nos abstermos de comportamentos que prejudicarão a nós mesmos e aos outros. Sem ela, reagiremos mecanicamente às condições favoráveis com apego, e às desfavoráveis com hostilidade. A atenção plena é a porta para a liberdade, e a vigilância é o primeiro passo para atravessarmos a porta – paradoxalmente, um passo de contenção.

O quarto tema é *levar uma vida de simplicidade e contentamento*, e os benefícios de uma vida assim são – ao menos para aqueles interessados no budismo – autoexplicativos.

9

Estabilizando a mente

O propósito da quiescência meditativa

Imagine como seria se cada um de nós tivesse um dispositivo que captasse todos os nossos pensamentos, até mesmo os mais sutis e os não intencionais, e imediatamente os transmitisse por meio de alto-falantes amarrados no topo das nossas cabeças. Enquanto esses pensamentos permanecem escondidos, muitas vezes até de nós mesmos, somos capazes de sustentar uma aparência de sanidade mental para aqueles que nos rodeiam. Mas para a maioria de nós, esse verniz desapareceria rapidamente se os outros pudessem ouvir a turbulência caótica das nossas mentes.

A prática espiritual como um todo pode ser vista como o cultivo de uma sanidade mental cada vez mais profunda. No budismo, esse caminho de tornar a mente sã é gradual, começando com práticas relativamente fáceis que produzem benefícios tangíveis e evidentes. O primeiro estágio da prática é a disciplina ética, discutida no capítulo anterior. O resultado direto e perceptível de uma vida focada nesses princípios éticos é um estado de bem-estar maior para nós mesmos e para aqueles que nos rodeiam. Mesmo sem um estudo muito aprofundado e sem a prática da meditação, a disciplina ética traz mais sanidade e mais contentamento.

Como resultado dessa fundação da prática espiritual, nossos pensamentos serão mais virtuosos, mas possivelmente a mente ainda estará dispersa, instável e confusa. Reforçar ainda mais essa fundação, estabilizando a mente por meio da meditação pode ser de grande benefício. No budismo, o resultado dessa prática é chamado de quiescência meditativa, ou tranquilidade. Um contemplativo da tradição Kagyüpa do budismo tibetano resume a prática de quiescência da seguinte forma:

> A tranquilidade é obtida focando a mente em um objeto e mantendo-a nesse estado até que, ao final, a mente convirja para um fluxo unificado de atenção e equanimidade[13].

Assim, no contexto budista, quiescência meditativa significa mais do que apenas uma sensação de paz. É uma qualidade de consciência estável, vívida e claramente focada no objeto escolhido. Não tem um fim em si mesma, mas é um excelente instrumento que será utilizado na terceira fase da prática budista tradicional – no cultivo do *insight*. O mesmo autor diz o seguinte sobre a prática do *insight*:

> O *insight* é atingido por meio de um exame amplo e detalhado da realidade e através da aplicação sistemática de discernimento intelectual[14].

O *insight* experiencial sobre a natureza da realidade é o antídoto direto para a ignorância, a aflição mental que está na raiz de todas as distorções da mente, comportamentos não virtuosos e sofrimento. No entanto, sem desenvolver a quiescência meditativa, o poder de cura do *insight* é limitado, e a ignorância não pode ser completamente dissipada.

---

13 NAMGYAL, T.T. *Mahāmudrā*: The Quintessence of Mind and Meditation. Boston: Shambhala, 1986, p. 27 [Trad. e comentado por Lobsang P. Lhangdupa].

14 Ibid., p. 27.

A tradição Kagyüpa, conhecida pela ênfase na meditação, transmite provérbios como:"Onde não há tranquilidade contemplativa, não há *insight*", e "Aquele que busca o *insight* cedo demais, não alcançará a quiescência"[15]. Esta abordagem tibetana está bastante alinhada com o budismo indiano mais antigo, conforme evidenciado pelos comentários do grande pandita indiano A *Sanga* sobre a quiescência meditativa e o *insight*:

> O que é quiescência? É estabelecer a mente em um estado tranquilo, com estabilidade, atenção e intensidade; é tornar a mente límpida; pacificar a mente completamente; e acomodar a mente em equilíbrio, focando em um único ponto... O que é *insight*? *Insight* é aquilo que diferencia todas as coisas de forma sistemática e completa...[16]

Certamente é possível obter algum grau de *insight* sem ter alcançado grande estabilidade mental, mas isso seria como a luz de uma vela tremulando com a brisa. O *insight* pode ser muito significativo, mas devido à falta de quiescência meditativa será fugaz, e a experiência dificilmente será reproduzida.

Assim como é possível obter um grau limitado de *insight* sem a quiescência meditativa, também pode-se experienciar algum grau de compaixão sem o *insight*. Mas o mais profundo despertar espiritual ocorre sobre uma fundação composta por todos os três – quiescência meditativa, *insight* e compaixão – e é com esse propósito que cultivamos a quiescência meditativa.

As condições para a quiescência meditativa

Podemos começar a estabilizar a mente desde o início da prática espiritual, enquanto ainda damos maior ênfase à discipli-

---

15 Ibid., p. 173.

16 Ibid., p. 30. Citação de *Abhidharmasamuccaya*.

na ética. Quando nos dedicamos à prática da quiescência meditativa diariamente durante algum tempo, tornamo-nos cada vez mais conscientes de como a mente funciona; e, nesse processo, começamos a descobrir o quanto a mente é dispersa durante todo o tempo. Reconhecendo isso, podemos desejar explorar as potencialidades da mente humana que se tornam aparentes apenas quando a consciência está quieta e lúcida.

Seis condições são necessárias para a realização da quiescência meditativa. A primeira delas é um ambiente harmonioso, no qual possamos nos sentir seguros, livres dos perigos da guerra, poluição, doença contagiosa, e animais perigosos. A alimentação e as outras necessidades devem ser facilmente adquiridas, e as pessoas com quem nos associamos devem ser compatíveis com o nosso propósito. O cultivo de quiescência meditativa requer um ambiente quieto, livre dos ruídos de conversas durante o dia e de ruídos como o latido de cães durante a noite.

As outras cinco condições são qualidades internas. A primeira delas é ter poucos desejos. Essa é uma atitude de não se perturbar desejando coisas que não se tem, como por exemplo uma casa mais bonita, uma comida melhor, roupas melhores, e assim por diante.

A terceira das seis condições, o contentamento, complementa a segunda. A atitude de contentamento é considerar as circunstâncias presentes satisfatórias, sejam elas quais forem. Quando estamos satisfeitos, desejamos apenas que as condições físicas para a prática sejam adequadas. Uma vez que esses cuidados tenham sido tomados, estamos livres para focar a atenção unicamente na meditação.

A quarta condição para a prática da quiescência meditativa é limitar as atividades. Ao entrar em um retiro contemplativo para estabilizar a mente, é essencial reduzir as outras atividades ao mínimo.

A quinta condição pode ser a mais importante de todas: disciplina ética pura. Isso não significa que o praticante deva estar em um estágio tão avançado que nunca mais terá um comportamento não virtuoso de corpo, de fala ou de mente. Mas significa que o praticante deve estar muito familiarizado com os tipos de comportamento que devem ser evitados, como as dez ações não virtuosas; que tente manter os princípios éticos descritos anteriormente de maneira contínua; e que tome medidas para purificar ações não virtuosas, quando forem cometidas.

A sexta e última condição é a eliminação de pensamentos discursivos compulsivos sobre desejos e outras distrações. Muitos de nós descobrem que a mente passa todo o dia inundada por uma torrente de ideias. Essa tendência deve ser refreada se desejarmos de fato cultivar a quiescência meditativa. O objetivo da meditação budista não é parar de pensar, pois, como vimos, o cultivo do *insight* requer claramente o uso inteligente do pensamento e do discernimento. O que precisa ser interrompido é a conceituação compulsiva, mecânica e pouco inteligente, isto é, essa atividade sempre fatigante, geralmente inútil e, às vezes, seriamente prejudicial.

Não é suficiente aprender uma técnica para estabilizar a mente e dedicar-se a ela com diligência. Se essas seis condições não estiverem presentes, a quiescência meditativa nunca surgirá, independentemente da sua determinação e perseverança. Isto é o que o renomado sábio indiano Atīśa quis dizer em *Lamp on the Path of Awakening*:

> Se as condições para a quiescência meditativa não
> forem adequadas,
> pode-se meditar intensivamente
> por um período tão longo como mil anos
> sem que a absorção tranquila seja atingida.

Objetos de meditação para a estabilização da mente

Na prática budista, podemos escolher um objeto para estabilizar a mente entre várias opções. Um método bastante comum na tradição budista tibetana é focar uma imagem do Buda. Primeiramente tomamos um objeto físico, como uma estátua ou uma imagem do Buda, e olhamos para ela até que estejamos bastante familiarizados com a sua aparência. Em seguida, fechamos os olhos e criamos uma cópia dessa imagem com a imaginação.

A prática verdadeira não é a visual – essa é apenas uma preparação – pois o objetivo é estabilizar a mente, não o olhar. Quando começamos a tentar visualizar o Buda, a imagem mental é um pouco indefinida e extremamente instável. É possível que não sejamos capazes de criar absolutamente nenhuma imagem mental. Lembro-me de ter ensinado essa técnica há muitos anos para um grupo de alunos nos Alpes Suíços. Depois de termos praticado juntos por mais ou menos meia hora, fizemos uma pausa para discutir as primeiras experiências. Um aluno levantou a mão e, com alguma consternação, confessou que não era capaz de ver imagem nenhuma do Buda em sua mente. Por algum tempo sua mente ficou em branco; e então, finalmente, a imagem de uma gaivota voou pelo espaço de sua mente!

Embora o método descrito acima tenha muitas vantagens, ele não é ideal para todos. Para que seja eficaz, é preciso ter uma mente razoavelmente calma; e ter profunda fé e reverência pelo Buda é de grande ajuda. Para pessoas de natureza devocional, essa pode ser uma prática bastante inspiradora e eficaz para estabilizar a mente. O coração do praticante se alegra ao trazer o Buda à mente com devoção, e, consequentemente, o entusiasmo pela meditação aumenta. Por outro lado, se a pessoa tiver a mente muito agitada e pouca fé, essa e outras técnicas de visualização podem produzir tensão e infelicidade. E esses problemas podem aumentar conforme a prática se intensifica.

Com uma mente agitada e conceitualmente congestionada, o simples esforço de imaginar um objeto visualizado pode ser muito desgastante. Portanto, o praticante que se dedica a práticas de visualização, especialmente durante várias sessões de um dia, precisa estar ciente do seu nível de tensão. É importante que a tensão não fuja ao controle, pois se isso acontecer, em vez de estabilizar a mente, a prática poderá causar danos ao sistema nervoso.

Outro método que é amplamente praticado, especialmente nos países budistas do leste e sudeste da Ásia, é concentrar a atenção na respiração. Um atributo chave dessa prática, em oposição à visualização do Buda, é que o objeto de meditação, a respiração, está presente sem que tenhamos que imaginar.

A atenção plena à respiração é praticada de muitas maneiras diferentes. Algumas pessoas se concentram no abdômen subindo e descendo enquanto o ar entra e sai. Outra técnica é concentrar-se nas sensações táteis associadas à respiração, desde as narinas até o abdômen. Há ainda um outro método, em que nos concentramos nas sensações do ar passando pelas aberturas das narinas e acima do lábio superior. Todos esses são métodos valiosos, e podem ser especialmente úteis para pessoas com mentes imaginativas e altamente discursivas. Eles oferecem uma maneira suave para acalmar a mente perturbada pela conceituação.

Um terceiro método de estabilizar a mente envolve direcionar a atenção para a própria mente. Essa é a mais sutil de todas as técnicas mencionadas aqui, e suas recompensas são grandes. Vou discorrer mais sobre essa prática logo a seguir, mas antes gostaria de discutir alguns temas comuns a todos os métodos de estabilização da mente.

Há dois aspectos da consciência que são fundamentais em todas as formas de treinamento meditativo descritas anteriormente – atenção plena (*mindfulness* em inglês) e introspecção. A atenção plena é um fator mental que nos permite focar um objeto com continuidade, sem nos esquecermos do objeto. Assim, se estamos focando as sensações da respiração nas narinas, a atenção plena nos prende ao foco nessas sensações continuamente. Quando a atenção plena se perde, a mente escorrega para longe do objeto como uma foca escorregando de uma rocha lisa. A introspecção é outro fator mental, cuja função é verificar a qualidade da própria atenção. Permite-nos checar se a mente meditadora está se tornando agitada ou dispersa, entediada ou sonolenta. É tarefa da introspecção nos proteger contra esses extremos.

Há muitos obstáculos internos à estabilização da mente, mas eles se resumem aos dois extremos da agitação e da lassidão. A agitação é um fator mental que dirige a atenção para longe do objeto de meditação. Esse obstáculo deriva do desejo. Se estamos meditando e de repente nos percebemos pensando em ir até a geladeira e pegar algo para comer, podemos identificar esse impulso como uma agitação proveniente do desejo. A agitação atrai a mente para fora. Pode facilmente ser estimulada por som como o de um carro passando por perto de nós. A mente se agarra compulsivamente ao som – pegando uma espécie de carona mental – e dá sequência com uma série de imagens e pensamentos.

Quando a mente não está agitada, ela está propensa a escorregar para o outro extremo – o da lassidão. Esse fator mental não atrai a atenção para fora, mas traz uma sensação de afundamento. A mente é absorvida pelo objeto, perde a nitidez, e consequentemente surge a sonolência. Nesse ponto, o objeto da meditação fica submerso sob as ondas da letargia ou da inconsciência.

Os principais antídotos para a agitação e para a lassidão são a atenção plena e a introspecção, e os resultados de superar esses obstáculos são a estabilidade mental e a vivacidade. Esses são os frutos da prática.

A estabilidade meditativa implica necessariamente uma base subjacente de relaxamento e de serenidade. A mente se pacifica, e a atenção permanece no objeto ao qual a direcionarmos durante o tempo que desejarmos. Vivacidade refere-se mais à clareza da atenção subjetiva do que à nitidez do objeto. Quando está presente, podemos detectar até mesmo as qualidades mais sutis e fugazes do objeto. Por exemplo, se estamos visualizando o Buda com vivacidade, ele aparece em nossa mente em três dimensões e parece muito real. Seremos capazes de ver a cor de seus olhos e cada dobra do seu manto. Ele surge quase tão claramente como se estivéssemos vendo-o diretamente com os nossos olhos. Essa vivacidade subjetiva é fundamental para focarmos a respiração, bem como a mente.

Todos nós já tivemos momentos em que a atenção estava extremamente vívida. Isso pode ocorrer, por exemplo, quando dirigimos um carro ou moto em alta velocidade em uma estrada sinuosa, ou quando escalamos uma montanha. Mas geralmente quando temos essa vivacidade mental ela está associada a um alto grau de tensão, e a mente não está nem serena e nem estável. Por outro lado, a estabilidade mental é uma experiência comum quando estamos agradavelmente cansados e nos deitamos para dormir. Porém, nesses casos, é raro haver muita clareza de consciência.

O desafio da prática meditativa de quiescência é cultivar a estabilidade integrada à vivacidade, gerando uma qualidade extraordinariamente útil de consciência. Para que isso aconteça, os meditadores experientes descobriram que devem seguir uma sequência de ênfases na prática. Primeiro buscam um estado mental relaxado, virtuoso e alegre. Sobre essa base, enfatizam a estabilidade e, em seguida, finalmente, priorizam a vivacidade. Nunca é demais enfatizar a importância dessa sequência.

Focando a atenção na mente

Muitos professores de meditação fazem uma mesma observação a respeito dos meditadores ocidentais: nós fazemos muito esforço! Pode ser que os nossos esforços sejam esporádicos, mas quando nos propomos a meditar, demonstramos grande determinação. Essa atitude pode criar uma série de problemas. Por exemplo, quando tentamos estabilizar a mente através da prática de focar uma imagem do Buda, no início a imagem é sempre pouco nítida e fugaz. Nessa fase, os meditadores são devidamente aconselhados a ficarem satisfeitos com um objeto bastante impreciso. É melhor não se esforçar demais para melhorar a qualidade da imagem; simplesmente veja se consegue sustentá-la sem perdê-la.

Ainda que isso seja fortemente enfatizado, há uma poderosa tendência, especialmente entre os ocidentais, de esforçarem-se mais e mais para criar um objeto nítido, e sustentá-lo com tenacidade. Essa mesma atitude é também muito comum entre os que praticam atenção plena à respiração. Esses meditadores sérios também partem para cima do objeto, tentam percebê-lo o mais nitidamente possível e agarram-se a ele como se a sua própria vida dependesse disso. Afinal, foi o que nos ensinaram desde pequenos: "Se quiser progredir, faça o seu melhor. Esforce-se ao máximo". A nossa sociedade muitas vezes considera que essas duas frases são sinônimas.

Na meditação, no entanto, não são sinônimas. Fazer o melhor nesse treinamento não significa esforçar-se ao máximo; porque, se nos esforçarmos ao máximo, faremos esforço demais. E se fizermos esforço demais, ficaremos exaustos; e a prática será, na melhor das hipóteses, esporádica, até que seja abandonada por completo. Fazer o nosso melhor na meditação significa sermos o mais hábeis possível em encontrar o delicado equilíbrio entre relaxamento e esforço.

Meditar sobre a própria mente é uma ferramenta especialmente útil para isso. Nessa prática nós não temos um objeto concreto, claramente delineado, no qual possamos nos concentrar. A mente não tem forma e nem localização. Se tentarmos nos concentrar na mente de maneira muito enérgica ao tomá-la como objeto, ela nos escapará. A tendência de esforçar-se demais simplesmente não funciona.

Para meditar com foco na mente, é preciso primeiramente encontrar uma postura adequada. Há muitos textos sobre esse assunto, por isso vou destacar apenas alguns pontos. É importante sentar-se em uma postura ereta, com a coluna reta, e não afrouxar a postura demais ao ponto de cair para a frente, para o lado ou para trás. Ao longo da sessão de meditação deve-se manter o corpo imóvel e relaxado.

No início dessa ou de qualquer outra prática budista, é importante tomar refúgio. Também é vital cultivar uma boa motivação, pois isso influenciará profundamente a natureza da prática. Por fim, é de grande ajuda alegrar-se, apreciando essa maravilhosa oportunidade de explorar a natureza da consciência.

Embora a prática principal aqui seja a atenção com foco na mente, é mais fácil começar com um objeto mais tangível para acalmar e refinar a consciência. A atenção plena à respiração é perfeita para isso. Devemos cultivar uma consciência ampla do ar entrando e saindo. Durante a inspiração, devemos simplesmente estar cientes de que isso está ocorrendo. Durante a expiração, notamos que o ar está saindo. Assim, permitimos que a consciência repouse calmamente no presente, enquanto respiramos de uma forma natural, sem qualquer esforço.

Para prosseguirmos à prática principal, podemos seguir o conselho de Tilopa, o grande contemplativo budista indiano: "Não se entregue aos pensamentos; observe a consciência natural"[17]. A "consciência natural" não tem forma e nem cor, e não tem nenhuma localização. Então, como podemos nos concentrar nela? O que significa "observar"?

---

17 Ibid., p. 152.

Primeiro, a nossa tarefa é a de concentrar a atenção na mente, em vez dos domínios dos sentidos físicos. Uma maneira de fazer isso é focar a atenção inicialmente em um evento mental, como por exemplo um pensamento. Esse pensamento pode ser qualquer coisa – uma palavra ou uma frase –, mas é melhor que não seja algo que desperte desejo ou aversão.

Uma possibilidade é gerar mentalmente a frase: "O que é a mente?" O ponto aqui não é especular sobre essa questão, ou tentar respondê-la. Em vez disso, usamos o próprio pensamento como objeto da atenção. Poucos instantes depois de termos trazido essa frase à mente, ela certamente desaparecerá no espaço da mente. Nesse momento, mantemos a atenção exatamente onde está. A atenção foi dirigida para a mente, e o que resta entre o desaparecimento de um pensamento e o surgimento de outro, é simplesmente a consciência, vazia e sem obstrução, semelhante ao espaço.

Há uma analogia que pode ser útil. Imagine-se como uma criança deitada de costas, olhando para o céu sem nuvens, e soprando bolhas de sabão por um anel de plástico. Conforme a bolha flutua no céu, você a vê subir, e leva a sua atenção para o céu. Enquanto está olhando para a bolha ela estoura, e você mantém a atenção exatamente onde a bolha estourou. Sua atenção está agora no espaço vazio.

Na prática da meditação, concentramo-nos inicialmente na bolha de um pensamento. Quando esse pensamento desaparece, não o substituímos por alguma outra construção mental. Em vez disso, estabilizamos a atenção na consciência natural, não construída, sem elaboração conceitual.

Essa prática é tão sutil que podemos criar tensão tentando fazê-la corretamente. Algumas pessoas sentem até mesmo que a intensidade da concentração impede a respiração normal – elas retêm a respiração por medo de perturbar o delicado equilíbrio de suas mentes. Criar tensão e restringir a respiração prejudicará a prática e a nossa saúde em geral. Por isso, é crucial que nos dediquemos à meditação com uma sensação de relaxamento físico e mental.

Partindo de um estado relaxado, o praticante cultiva a estabilidade meditativa repousando na consciência natural, sem ser arrastado pela turbulência dos pensamentos ou das emoções. Por fim, é importante reconhecer que essa prática não se baseia em uma espécie de transe ou de absorção embotada; em vez disso, demanda clareza e vivacidade da consciência.

Para cultivar essas três qualidades de relaxamento, estabilidade e vivacidade, de maneira geral, é melhor manter as sessões de meditação relativamente curtas. O principal critério para determinar a duração de uma sessão de meditação é a qualidade da consciência durante a prática. Cinco minutos de uma meditação bem conduzida valem mais do que uma hora de distração conceitual de baixa qualidade. Outro critério útil é o estado mental após a meditação. A mente deve estar revigorada, estável e límpida. Se o praticante se sentir exausto e embotado, a sessão foi provavelmente muito longa ou de baixa qualidade.

As fases da prática

Quando começamos a nos dedicar a essa disciplina, pode ser que rapidamente experienciemos curtos períodos de tempo – talvez até dez segundos ou mais – durante os quais seremos capazes de permanecer em um estado natural de consciência, sem nos fixarmos aos pensamentos e a outros eventos que surgirem na mente. Podemos achar isso deliciosamente divertido e a mente pode querer se agarrar alegremente à experiência. Mas assim que a mente se fixar, a experiência desaparecerá. E isso poderá ser muito frustrante.

A solução é entrar nesse estado de consciência repetidas vezes. À medida que nos familiarizamos com ele, podemos praticar com calma, sem expectativa e sem ansiedade. Aprendemos a apenas deixar acontecer.

Conforme a mente se estabelece nessa prática, a consciência de pensamentos e outros eventos mentais também mudam. Às vezes podemos sentir que não estamos pensando, ainda que uma infinidade de pensamentos e imagens surjam como meros eventos. Uma amiga me contou que enquanto estava meditando em relativo silêncio conceitual, surgiu o pensamento: "Passe a pizza, por favor". Ela não comia pizza há meses, e nem queria comer pizza naquele momento. Os pensamentos simplesmente surgem, às vezes como conversas inteiras. Quando isso ocorrer, basta deixar acontecer.

Não se apegue a esses pensamentos, não se identifique com eles, e nem tente sustentá-los. Mas também não tente suprimi--los. Basta vê-los como o fluxo espontâneo da consciência natural, enquanto concentra a atenção na consciência pura e sem elaborações a partir da qual eles surgem.

Em muitas ocasiões, somos inevitavelmente arrastados por trens de pensamento. Quando reconhecemos que isso aconteceu, podemos reagir com frustração, decepção ou inquietação.

Todas essas respostas são perda de tempo. Se percebermos que a mente se tornou agitada, o antídoto é relaxar mais profundamente. Relaxe todo o esforço que está sustentando a turbulência conceitual ou emocional. É melhor não tentar silenciar a mente à força. Em vez disso, podemos soltar o esforço exercido para nos fixar aos eventos mentais. A fixação surge do apego e o antídoto é simplesmente soltar o apego.

Em outras ocasiões, podemos experienciar lassidão mental. Nesse estado a mente não está agitada; ela descansa em um "branco" nebuloso. O antídoto para esse obstáculo é revitalizar a consciência, prestando mais atenção à prática. O "caminho do meio" aqui é revigorar a consciência sem agitá-la.

O grande contemplativo budista indiano Saraha diz o seguinte sobre essa prática:

> Liberar a tensão que prende a mente,
> Traz, indubitavelmente, liberdade interior[18].

Tilopa fala de três fases da meditação. Nos estágios iniciais, as investidas da ideação compulsiva são como um riacho correndo através de um estreito desfiladeiro. Nesse estágio, pode parecer que a mente está ainda mais fora de controle, conceitualmente mais turbulenta do que antes de começar a meditar. Mas, na verdade, nós agora estamos percebendo o quanto a mente normalmente derrama pensamentos de forma semiconsciente.

À medida que a mente se torna mais quieta, mais estável, o fluxo de atividade mental se torna como o Rio Ganges – um rio largo que flui calmamente. Na terceira fase da prática, o *continuum* de consciência é como um rio que flui para o mar. É nesse ponto que se reconhece a serenidade, a vivacidade, a transparência e o frescor natural da mente.

Durante os estágios iniciais da prática, podemos experienciar momentos de quiescência mental relativamente livre de conceituação, e podemos nos perguntar se essa é de fato a consciência natural. O mais provável é que não seja esse o caso. Nessa fase, provavelmente a mente está ainda muito grosseira e pouco clara para tal realização. É preciso paciência para persistir na prática, sem expectativa e sem medo, até que, gradualmente, as qualidades essenciais da consciência se tornem aparentes. Quando constatamos as qualidades simples de clareza e de cognição da consciência, aí sim nos firmamos na prática. Podemos, então, prosseguir até atingirmos a quiescência meditativa focada na mente.

---

18 Ibid., p. 162.

Atingindo a quiescência meditativa

Na prática budista, o atingimento da quiescência meditativa tem uma definição bastante clara. Como resultado da prática descrita acima, ao final, o praticante experiencia a consciência natural, e a duração dessa experiência aumenta gradualmente. Por fim, nós já não nos distraímos e nem nos agitamos. Nesse ponto, a ênfase da prática deve ser no cultivo da vivacidade, pois a mente, mesmo depois de se tornar bastante estável, ainda pode facilmente escorregar para a lassidão.

Quando finalmente atingimos a quiescência meditativa, ficamos livres até mesmo das formas sutis de agitação e lassidão. Durante as fases iniciais da prática, é necessário um grau considerável de esforço, mas à medida que avançamos, um esforço cada vez mais sutil já é suficiente. Aos poucos, a meditação se torna fácil, e conseguimos sustentar cada uma das sessões por horas a fio.

Os benefícios dessa prática também são evidentes entre as sessões formais de meditação. A mente torna-se tão refinada e estável que é muito difícil surgir qualquer distorção mental. E mesmo quando ocorrem, elas são relativamente pouco potentes e de curta duração. Ao atingir a quiescência meditativa, a mente é levada a um estado de sanidade bastante elevado, e é muito difícil que essas aflições floresçam. Além disso, o praticante experimenta uma qualidade sem precedentes de bem-estar interior, que surge a partir do equilíbrio e da saúde da mente. Devido às mudanças nas energias experienciadas no corpo (intimamente relacionadas com o sistema nervoso), o praticante desfruta de uma deliciosa sensação de leveza e disposição física.

O atingimento da quiescência meditativa também é considerado uma base fértil para se cultivar vários tipos de níveis elevados de consciência como a clarividência. Quando cultivadas e utilizadas com sabedoria e compaixão, essas habilidades podem ser muito úteis. Caso contrário, elas são simplesmente uma distração, na melhor das hipóteses, e podem ser também uma verdadeira fonte de perigo.

Na prática budista, o principal propósito de atingir a quiescência meditativa é usar esse estado refinado de consciência para investigar a natureza da realidade. A quiescência meditativa por si só é uma realização temporária que pode ser facilmente perdida, especialmente se o praticante mergulhar novamente em um modo de vida agitado e turbulento. Somente utilizando a mente que foi treinada na quiescência meditativa é possível atingir *insight* com a profundidade necessária para extirpar completamente as distorções fundamentais da mente, que são a raiz de todo o sofrimento.

Nesse meio-tempo, o cultivo de quiescência meditativa é algo que nos traz mais sanidade, serenidade, estabilidade e clareza. Essas qualidades certamente nos ajudarão em todas as atividades dignas de nossas vidas preciosas.

10

Bondade amorosa

O cultivo da bondade amorosa é perfeitamente adequado ao mundo agitado em que vivemos. Essa prática gera uma qualidade de mente que deseja o bem-estar dos outros e, ao mesmo tempo, aumenta profundamente a capacidade de alcançarmos o bem-estar em nossas próprias vidas. Em vez de focarmos um estado equilibrado de paz mental, essa é uma meditação discursiva que penetra mais profundamente as causas de nossas insatisfações e as transforma. Ela nos oferece uma maneira de entender as distorções da mente, e de neutralizar essas distorções por meio de uma atitude de bondade amorosa que brota da pureza essencial da mente.

A bondade amorosa pode ser vista como um remédio muito potente contra a mais maligna das distorções mentais: o ódio. Após dissolvê-lo, a bondade amorosa é também capaz de neutralizar as outras distorções. Muitas pessoas dão valor à raiva, argumentando que sem a sua impetuosidade não seríamos plenamente humanos. Colocando de lado essa discussão sobre a raiva, por ora, acho que todos podemos concordar que o ódio é uma outra questão. O ódio é simplesmente uma expressão da maldade. O ódio gera desprezo, hostilidade, ressentimento e agressão. E a experiência tem provado que aqueles que ficam tomados pelo ódio, acabam causando uma tremenda dor e destruição a si mesmos, bem como aos seres sencientes ao seu redor.

Bondade amorosa dirigida a si mesmo

A prática de bondade amorosa começa tradicionalmente direcionada a si mesmo, e então prossegue, passo a passo, para uma atitude de benevolência para com todos os seres sencientes do universo.

Para desenvolver uma atitude de bondade amorosa, primeiro precisamos desenvolver uma atitude verdadeiramente amorosa com respeito a nós mesmos, compreendendo compassivamente o nosso próprio desejo de ser feliz e evitar o sofrimento. Como parte disso, devemos compreender a natureza da nossa própria ignorância, que frustra o desejo de felicidade e, em seu lugar, traz sofrimento. Isso feito, teremos dado um primeiro passo essencial para desenvolver a bondade amorosa para com todos os seres.

Para trazer isso mais para perto das nossas próprias vidas, vamos tomar o exemplo do autodesprezo. É possível que poucos de nós possam realmente sentir ódio de si mesmos, mas é bastante comum em nossa sociedade as pessoas se debaterem com o autodesprezo, uma sensação de impaciência e intolerância para consigo mesmas. Para muitos, isso culmina com a sensação de não se sentirem dignos do amor de outra pessoa ou até de si mesmos. Visto por esse prisma, o autodesprezo é obviamente uma base fraca para o cultivo da bondade amorosa.

Vamos analisar um texto do Século V de Buddhaghosa, *The Path of Purification* (*O caminho da purificação*), que nos oferece um conjunto de aspirações que nos ajudarão a desenvolver a bondade amorosa direcionada a nós mesmos:

Que eu possa me livrar da hostilidade,
Que eu possa me livrar das aflições.
Que eu possa me livrar da ansiedade,
E que eu possa viver feliz[19].

A primeira aspiração, "Que eu possa me livrar da hostilidade", é um desejo de que possamos desenvolver a amizade desprovida de animosidade. Na segunda aspiração: "Que eu possa me livrar das aflições", podemos entender aflições como dor física ou como angústia mental, tristeza, pesar e descontentamento. Podemos também investigar mais profundamente a própria fonte de toda a angústia, ou seja, os venenos mentais, tais como a ignorância, ganância e o ódio, dos quais brotam todas as aflições. O desejo de se livrar da ansiedade dispensa explicação. E a última linha: "E que eu possa viver feliz", refere-se especialmente a uma qualidade de bem-estar que surge de uma mente saudável.

Desenvolvendo a prática

Começamos o cultivo da bondade amorosa primeiro direcionado a nós mesmos como um exemplo, e, em seguida, estendemos essa mesma atitude aos outros por analogia simples. No entanto, embora o cultivo da bondade amorosa em direção a si mesmo seja um primeiro passo importante, não é a prática completa. Partindo da fundação da bondade amorosa para consigo mesmo, prosseguimos para o desenvolvimento da bondade amorosa para com os outros em três fases de dificuldade crescente.

Na primeira fase, trazemos à mente uma pessoa por quem sentimos afeto. Primeiramente refletimos sobre as boas qualidades dessa pessoa, possivelmente as razões pelas quais essa pessoa

---

19 BUDDHAGHOSA, B. *The Path of Purification* (*Visuddhimagga*). 4. ed. Kandy: Buddhist Publication Society, 1979, cap. 9, vs. 8 [Trad. de Bhikkhu Ñāṇamoli] [Modifiquei levemente a tradução].

nos é tão querida. A seguir, contemplamos o fato de que essa pessoa, assim como nós, deseja a felicidade e deseja se livrar do sofrimento e da ansiedade. E então, cultivamos o desejo: "Que você se livre da hostilidade", compreendendo que, quando essa pessoa experiencia hostilidade, isso não brota de sua natureza essencial, assim como os nossos próprios sentimentos de hostilidade também não são expressões de nossa própria natureza essencial. Prosseguimos: "Que você se livre das aflições" físicas e mentais, assim como desejamos para nós mesmos. E então concluímos com os desejos, "Que você possa se livrar da ansiedade", e "Que você possa viver feliz".

O próximo passo é desenvolver a bondade amorosa para com alguém que conhecemos bem, mas por quem sentimos uma relativa indiferença. Meditamos sobre essa pessoa, da mesma forma como meditamos sobre a pessoa querida. Primeiro, consideramos o fato de que essa pessoa tem os mesmos desejos básicos que nós – o mesmo anseio por felicidade e a mesma esperança de evitar o sofrimento. Em seguida, fazemos o mesmo que fizemos antes, desejando que essa pessoa seja feliz, com uma vida livre de hostilidade, de aflições e de ansiedade.

A mais difícil, no entanto, é a fase final – desenvolver bondade amorosa para com uma pessoa por quem sentimos alguma animosidade. Pode ser uma pessoa que pensamos ter nos feito muito mal, ou talvez alguém que nós simplesmente achamos desagradável. A resposta da maioria das pessoas a alguém de quem não se gosta é considerar essa pessoa como algo intrinsecamente desagradável. Mas o ponto dessa prática é penetrar essa concepção de "algo" e verdadeiramente compreender que essa pessoa desagradável é, afinal, um ser senciente.

Mais uma vez, devemos refletir que essa pessoa, assim como nós, está buscando a felicidade e tentando se livrar do sofrimento, embora talvez de uma forma muito confusa. Possivelmente compreenderemos que muito do que faz com que essa pessoa seja desagradável é o fato de suas aflições mentais serem tão fortes que terminam dominando suas tentativas de encontrar a felicidade. Em vez de levar às causas do contentamento, criam ainda mais infelicidade para essa pessoa, da mesma forma que criam para nós mesmos.

Essa compreensão é a raiz da compaixão. E a partir dessa perspectiva, podemos dirigir a mente para essa pessoa com o desejo sincero de que ele ou ela seja feliz e se livre da hostilidade, das aflições, e da ansiedade.

A realização da impermanência como um antídoto

O *insight* sobre a impermanência pode apoiar o cultivo da bondade amorosa. Em essência, a realização da impermanência é um resultado natural da investigação da natureza dos eventos, tanto físicos quanto mentais. Como já mencionamos, a mente é um estado de fluxo constante. Nem mesmo a consciência é estática e imutável. Os momentos de consciência são condicionados pelas condições externas e internas que estão em constante mudança.

Esquecer disso leva a uma noção distorcida de permanência no comportamento humano, que pode ser verificada com base na nossa própria experiência. Quando estamos realmente ressentidos em relação a outra pessoa, pensamos em todas as coisas desagradáveis que essa pessoa fez, como se ela fosse um verdadeiro manancial de indelicadeza. Em meio ao ressentimento, ignoramos a natureza impermanente da pessoa, concluindo que suas ações e seu comportamento são meramente expressões de algo que é não virtuoso em sua essência.

Mas, na verdade, disse o Buda, essa pessoa intrinsecamente não virtuosa não existe. O que vemos em nós mesmos e nos outros são expressões de propensões habituais. Quase todos têm as sementes do ódio, que se originaram em algum evento ou ação prévia. Mesmo que essas tendências não estejam ativadas em determinado momento, elas podem brotar mais tarde, catalisadas por certos eventos, ou mesmo por lembranças.

Uma emoção que muitos de nós podemos achar muito gratificante é a indignação legítima, o ódio legítimo. Mas quanto isso é realmente gratificante? Pode-se ter a sensação de que o ódio legítimo é justificado. Pode ser que esteja bem claro que a pessoa por quem se sente raiva agiu de uma maneira extremamente desagradável, sem nem mesmo pensar. Pode ser que essa pessoa tenha prejudicado alguém de alguma forma, por abuso, calúnia ou desonestidade. Mas a verdade é que não temos acesso à mente do ofensor. Se a mente estiver ferida, é porque ainda está sujeita a aflições mentais. Agravar essa dor alimentando o ressentimento simplesmente não faz sentido.

Decidir odiar alguém é como pegar uma pequena ferida e fazer com que fique muito maior; ela então irá invadir o corpo e supurar. "Ódio legítimo" está na mesma categoria de "câncer legítimo" ou "tuberculose legítima". São todos conceitos absurdos.

Uma das práticas mais simples de bondade amorosa é lembrar daqueles seres que manifestaram a bondade amorosa em suas próprias vidas, quer seja o Buda, ou algum outro ser santo. A partir do exemplo desses grandes seres podemos aprender sobre o perdão, uma expressão da bondade amorosa. Veremos que muitos grandes seres que foram submetidos a muito sofrimento responderam com o perdão.

O Buda falou longamente sobre o cultivo da bondade amorosa e seus benefícios. Enquanto a bondade amorosa é ilimitada, o ódio e a raiva têm limites. Descrevendo as onze virtudes da bondade amorosa, o Buda disse:

> O praticante dorme em conforto, acorda em conforto, e não tem sonhos ruins. O praticante é caro aos seres humanos, é caro aos seres não humanos,

as deidades o protegem, o fogo, o veneno e as armas não o afetam. Sua mente se concentra facilmente, a expressão no seu rosto é serena, e ele morre livre de confusão. Se não entrar em reinos mais elevados, ele renascerá no mundo de Brahma[20].

Existe ainda uma outra prática de bondade amorosa que é bastante simples e muito profunda. Trata-se de uma investigação profunda sobre a natureza precisa do objeto do nosso ódio. Em primeiro lugar, devemos nos perguntar: "Será que é do corpo da pessoa que eu estou com raiva?" Veremos que a resposta é necessariamente negativa. "Nós não odiamos o corpo da pessoa, nós odiamos a pessoa." A pergunta seguinte é: "Será que odiamos a mente da pessoa?" Ao contemplarmos a natureza da mente, descobrimos que ela não é uma substância única que possamos odiar, mas uma miríade de eventos relacionados. A mente de todos nós inclui um conjunto de alegrias e tristezas, tudo em contínuo fluxo. Ainda que possamos concluir que aquilo que odiamos é o presente estado mental da pessoa, esse estado não existe por si só; ele é condicionado por outros eventos e também está sujeito a mudanças.

Podemos nos perguntar: "Onde está a pessoa que tanto odiamos? Onde está a pessoa intrinsecamente má que acreditamos estar além desse corpo, e além dessa mente flutuante?" À medida que investigamos mais e mais profundamente, descobrimos que não existe tal pessoa: não existe um "eu" intrínseco, não existe um alguém independente da constante flutuação de eventos físicos e mentais.

O objetivo é olhar para todos como o Buda olharia: com bondade amorosa por nós mesmos, por aqueles que amamos, por aqueles que não são nem amigos e nem inimigos, e por aqueles que sentem animosidade contra nós. Em suma, o propósito

---

20 Ibid., cap. 9, vs. 37. Citação de *Anguttara Nikāya*, vs. 342.

da prática de bondade amorosa é a realização profunda de que todos os seres sencientes são todos igualmente merecedores do nosso amor.

11

As quatro aplicações da atenção plena

O papel do *insight*

Para erradicar a ignorância, a aflição fundamental da mente, é preciso obter o *insight* sobre a natureza da realidade. Em sânscrito, isso é chamado de *vipaśyanā*. A fundação para essa prática é uma mente estável, cuja fundação, por sua vez, é a disciplina moral.

Há muitas formas de *vipaśyanā*, ou de meditação do *insight*. Aqui exploraremos uma disciplina conhecida como as quatro aplicações da atenção plena (*satipaṭṭhāna* em pali). Pode-se obter bons frutos com essa prática sem ter-se atingido a quietude meditativa, mas para que a prática seja plenamente eficaz, é preciso ter uma mente estável. Sem uma mente estável é possível obter alguns lampejos de *insight* por meio da prática de *satipaṭṭhāna*, mas estes não terão o efeito transformador completo que teriam com a quietude meditativa.

Se quisermos superar a ignorância que está na raiz das outras distorções mentais, precisaremos entrar na experiência de *insight* de novo e de novo, saturando a mente. À medida que nos tornamos mais experientes com o *insight* sobre a verdadeira natureza da realidade, a ignorância vai sendo varrida, assim como a escuridão é varrida pela luz.

Atenção plena ao corpo

O caminho de *satipaṭṭhāna*, ou da aplicação da atenção plena, é um dos grandes caminhos para a iluminação. Mas infelizmente, alguns dos praticantes desse caminho acreditam que é o único, e apresentam-no como se fosse. Mas, na verdade, não foi isso o que o Buda disse. A palavra que ele usou para descrever esse treinamento da mente foi *ekayāna*; *eka* significa "um", *yāna* significa "caminho". Consequentemente, *ekayāna* significa "um caminho", e não "o único caminho".

Essa questão é discutida nos comentários iniciais ao discurso do Buda da tradição Theravāda sobre as aplicações da atenção plena. São dadas várias interpretações da palavra *ekayāna*. Uma delas é de que ele conduz "apenas ao nirvana". Outra interpretação é de que ele é um "caminho solitário" que deve ser trilhado pelo próprio praticante, e por ninguém mais. Nem o Buda, nem os comentários sobre seus ensinamentos, indicam que seja o "único caminho" para a liberação[21].

A prática das quatro aplicações da atenção plena refere-se a dirigir a atenção plena a quatro tipos de fenômenos: o corpo, os sentimentos, a mente, e outros fenômenos, tanto mentais quanto físicos. Como na maioria das práticas budistas, o treinamento da mente começa com o objeto de prática mais fácil, mais grosseiro, e avança para o mais sutil, que é também o mais difícil. Nesse caso, entre os quatro objetos que iremos considerar – corpo, sentimen-

---

21 Cf. THERA, S. *The Way of Mindfulness*. Kandy: Buddhist Publication Society, 1975.

tos, mente e outros fenômenos – o corpo é o mais grosseiro. Faz sentido começar com práticas mais básicas, e objetos de meditação relativamente grosseiros, pois quando começamos a praticar, a mente também está em seu estado mais grosseiro. À medida que avançamos, a mente se torna mais refinada, mais sutil, e assim estaremos em condições de praticar com objetos mais sutis.

O tema principal em todas as quatro práticas é distinguir cada vez mais claramente entre o que é projeção conceitual sobre a realidade e aquilo que a realidade apresenta para nós. Este termina sendo um projeto formidável. Quando começamos, descobrimos que o papel da projeção conceitual está profundamente enraizado, e muito dessa projeção ocorre tanto inconscientemente quanto de maneira semiconsciente.

Pelo fato de a conceituação ser em grande parte semiconsciente, geralmente não sabemos que essa interpretação compulsiva está ocorrendo. Em vez disso, tendemos a assumir que não estamos projetando coisa alguma sobre a realidade, e que a noção básica que temos das coisas é válida. Pode haver muita delusão nessa premissa. A aplicação da atenção plena usa o bisturi mental criado pela quiescência para cortar as projeções conceituais, camada por camada. Ao fazê-lo, penetramos a realidade essencial que está presente na ausência de projeções conceituais.

O Buda ensinou essa prática orientando-nos primeiramente a nos sentarmos e simplesmente seguirmos a respiração. Assumimos uma postura confortável, trazemos a consciência para o presente, e a estabilizamos, seguindo a inspiração e a expiração. A ênfase aqui, como muitas vezes no caminho budista, é no desenvolvimento de uma boa ferramenta. Assim como na ciência é preciso desenvolver ferramentas finamente aperfeiçoadas para fazer medições precisas e confiáveis, do mesmo modo, na prática contemplativa é preciso aprimorar a ferramenta da própria consciência para podermos compreender a natureza da realidade.

A prática começa de forma muito simples, com a postura. O Buda citou quatro posturas simples que nós já conhecemos: sentado, em pé, caminhando e deitado. Aplicar a atenção plena refere-se a engajar a atenção e direcioná-la para a postura. Em geral, seja o que for que estejamos fazendo, seja caminhar, ficar sentados, deitados, ou em pé, a mente está frequentemente desconectada da realidade imediata e, em vez disso, está absorvida na conceituação compulsiva sobre o futuro ou o passado. Enquanto estamos caminhando, pensamos em chegar, e quando chegamos, pensamos em sair. Quando estamos comendo, pensamos sobre lavar os pratos, e quando estamos lavando os pratos, pensamos sobre assistir televisão.

Essa é uma maneira estranha de operar a mente. Não estamos conectados com a situação atual, mas estamos sempre pensando em outra coisa. Demasiadas vezes somos consumidos por ansiedades e desejos, arrependimentos sobre o passado e antecipações do futuro, perdendo completamente a simplicidade pura do momento presente.

Uma prática de atenção plena muito importante baseia-se em uma das atividades humanas mais fundamentais: caminhar. Estamos acostumados a caminhar preocupados, antevendo o lugar para onde estamos indo e esquecendo onde estamos. Nossos olhos vagueiam por toda parte, e nossas mentes são como ovos mexidos sendo preparados, revirando-se de um lado para outro. Mas há outra possibilidade – puxar a nossa consciência para fora dessa malha de ideação compulsiva e desgastante e, trazê-la para as plantas dos pés. Isso nos permite estar cientes dos pés subindo e descendo, e cientes do contato com a terra.

Caminhar devagar pode ajudar. Nessa prática caminhamos muito lentamente e deliberadamente, prestando muita atenção a cada momento. Primeiro o pé está subindo, subindo, subindo; depois, muito lentamente, está pisando, pisando, pisando. Estamos conscientes das sensações táteis do corpo e das sensações das plantas dos pés tocando o chão. Ficamos aterrados, literal e metaforicamente. Essa prática traz a consciência para o presente.

Isso pode parecer entediante, mas é só porque estamos muito acostumados a não estar no presente. Se começarmos a fazer essa prática corretamente, se realmente começarmos a acalmar a mente e trazê-la para dentro do corpo, acabaremos descobrindo que é fascinante.

Imagine que você está sentado totalmente imóvel, e, então, quando você está firmemente estabelecido no presente, você faz algo extraordinário: levanta a mão! Conforme aprende a fazer isso conscientemente, verá que essa simples ação tem muitas partes. Há uma intenção, um evento mental, e de alguma forma isso resulta no movimento da mão, um evento físico. Como tudo isso se conecta? Como isso acontece? Torna-se um processo muito interessante.

Um dos aspectos centrais dessa prática é a atenção plena, que, nesse contexto, significa manter a continuidade da consciência do próprio objeto escolhido. Outra é a introspecção, que se refere aqui a uma análise perspicaz e inteligente dos eventos.

A natureza do eu

Agora vamos analisar como essa ferramenta finamente aprimorada, a atenção plena, pode gerar *insights* sobre a questão essencial do caminho espiritual: Qual é a natureza do eu?

Um comentário famoso de Buddhaghosa lança luz sobre esse assunto. Falando sobre o movimento físico, ele diz:

> Um ser vivo caminha, um ser vivo para em pé... mas na realidade, não há um ser indo ou parando. Falar sobre um ser vivo indo e parando é o mes-

mo que falar da seguinte maneira: Uma carroça vai, uma carroça para[22].

O ponto que ele está levantando aqui é exatamente o que faz a carroça ir ou não ir, o ser vivo ir ou não ir. Qual é a fonte de seu movimento, ou, em um nível mais profundo, o que é a fonte da volição que faz com que se movam? O que é esse eu de onde o movimento aparentemente vem?

É evidentemente verdade que a carroça é movida por alguma coisa, talvez um boi, um arreio prendendo o boi à carroça, talvez um boiadeiro para guiar o boi. Em um nível mais sutil, o evento de um ser vivo caminhar ou ficar parado também tem causas e condições. De fato, o movimento se dá como resultado de interações complexas entre eventos externos e internos. Em nenhum lugar será encontrado um eu autônomo que assume o comando e diz: "Eu irei mover a mão", e então ela se move. Isso, naturalmente, contradiz a nossa noção instintiva das coisas, a nossa percepção básica de que cada um de nós é um "eu" autossuficiente que está no comando do nosso comportamento. No entanto, por meio da prática da atenção plena podemos desenvolver um *insight* notável sobre a natureza da ausência do "eu" ou sobre a existência não inerente do "eu".

Para fazer isso, nós simplesmente começamos a investigar. A partir do grosseiro e prosseguindo para o sutil, focamos a ferramenta finamente aprimorada da atenção sobre os componentes da ação, e os analisamos. Contemplando as causas físicas e mentais do movimento, descobrimos que não há qualquer evidência de um "meu" inerente, ou de um "eu" essencial, em qualquer parte do corpo, na carne, nos ossos ou na medula.

---

22 THERA, B. "The Satipaṭṭhāna Sutta Vannana of the Papāncasudani". *The Way of Mindfulness:* The SatipaṭṭhānaSutta and Commentary. kandy: Buddhist Publication Society, 1975, p. 80-81 [Trad. de Soma Thera].

Atenção plena aos sentimentos

Os sentimentos são o segundo objeto ao qual aplicaremos a atenção plena. A identificação com os sentimentos é um passo mais sutil do que a identificação com o corpo e pode nos lançar a uma montanha-russa de sentimentos bons e ruins, às vezes, bem difícil de penetrar.

Embora a palavra "sentimentos" seja usada de muitas maneiras nos idiomas inglês e português[23], referindo-se às emoções, bem como às sensações táteis, no budismo tem um significado mais restrito, derivado da palavra sânscrita *vedanā*. Essa palavra se refere simplesmente aos sentimentos de prazer, dor e indiferença, com os quais podemos nos identificar tão facilmente. Esse é um ponto muito poderoso, porque se nós nos identificarmos com o corpo, certamente, nos identificaremos com os sentimentos.

Quando surge a infelicidade, nós respondemos com os pensamentos: "Eu estou infeliz, eu estou deprimido, estou muito desanimado". E quando surge a felicidade ocorre a mesma coisa: "Eu estou feliz! Estou me sentindo ótimo!" A chave é que nenhum desses sentimentos são na verdade "eu". Da mesma forma que os movimentos do corpo, os sentimentos resultam de causas e condições, e estão em constante mudança.

Os sentimentos com os quais nos identificamos estão enraizados em propensões específicas a cada um de nós. Se alguém me elogiar de uma maneira que se encaixe com as minhas propensões me sentirei feliz, e se uma outra pessoa me elogiar, talvez me sinta indiferente. Do lado negativo, o mesmo vale para a culpa e os sentimentos de tristeza. Em ambos os casos, os sentimentos são simplesmente um instante dentro de uma matriz causal de eventos.

O problema com os sentimentos é que nos identificamos com eles muito fortemente. Nós quase nunca atravessamos a

---

23 N.T.

sobreposição conceitual que nos leva a considerar certos sentimentos como inerentemente "nossos sentimentos". Na verdade, os sentimentos não são inerentemente de ninguém. Tudo o que está ocorrendo é o surgimento e a dissolução de sentimentos, devido a causas e condições.

O Buda falou sobre diversas qualidades de sentimentos, sendo a impermanência uma das mais importantes. O desespero, por exemplo, que pode parecer pesado como chumbo, é na verdade uma emoção que está em constante fluxo. Até mesmo os sentimentos mais pesados estão mudando constantemente, mas isso é muito difícil de se reconhecer. A identificação com a depressão obscurece as flutuações que estão ocorrendo momento a momento, e as substitui por uma sensação de continuidade homogênea.

Às vezes, as coisas vão bem, nos sentimos ótimos, e pensamos: "Agora meus problemas acabaram, esse foi o último obstáculo". Nossa mente conceitual faz um outro truque, e pensamos: "Agora está tudo bem, e será assim para sempre". O mesmo se aplica ao lado negativo, é claro. A tristeza se instala e a mente se torna negativa: "Eu sou realmente um fracasso, no próximo ano serei um fracasso, na verdade, toda a minha vida é um fracasso". Mais uma vez, esses sentimentos estão surgindo no momento, e a mente se fixa a esse momento de uma forma deludida.

O problema com o apego aos sentimentos, especialmente quando estão associados a estímulos externos prazerosos, é que tudo ao nosso redor está mudando constantemente, e a maior parte está fora do nosso controle. Tentamos manipular e controlar o ambiente ao nosso redor, mas até mesmo o nosso próprio corpo está em grande parte além do controle. Nossa mente, também, está muitas vezes fora do controle.

Fixar-se à sensação de prazer não é ruim no sentido de ser nocivo, mas sim no sentido de não ser eficaz. Como disse Goenka, professor budista birmanês bastante conhecido: "Apegar-se às coisas pode levar a um de dois possíveis resultados: ou aquilo a que você está apegado desaparece, ou você mesmo desaparece. É apenas uma questão de o que ocorrerá primeiro".

Atenção plena à mente

A atenção plena à mente é bem diferente da prática da quietude meditativa com foco na mente, descrita no nono capítulo. Aquela prática é um olhar penetrante e focado na consciência pura, mas esta prática de atenção plena, é uma meditação sobre a forma como a mente funciona.

A atenção plena à mente não é uma prática para desenvolver a estabilidade, mas sim uma prática de *insight*. O objeto da prática são os estados mentais e não a própria consciência.

Uma parte importante dessa prática é investigar a mente dominada pelos três venenos que discutimos: ignorância, ódio e apego. Nessa prática o meditador observa e investiga esses estados mentais, com ênfase especial sobre o "tom" da mente quando surgem esses estados.

Na vida normal, tendemos a fazer exatamente o oposto. Quando a mente manifesta raiva, por exemplo, nos identificamos imediatamente com ela. Eu derramo um copo de água na minha calça, e sem pensar eu levo o foco para fora, para algum objeto, ou para o próprio copo, ou para a pessoa que esbarrou no meu cotovelo e me fez virá-lo, e eu fico com raiva. Eu me identifico com a raiva. E se alguém me perguntar como eu estou, direi: "Eu estou com raiva", Identifiquei-me com um evento mental que não sou eu.

Eventos mentais como a raiva surgem das nossas próprias tendências para a raiva, que são ativadas por eventos externos. Nesse nível, não temos escolha – se tivermos essas propensões e as condições necessárias surgirem, sentiremos raiva. Podemos esquecer tudo o que ouvimos sobre atenção plena, e na próxima vez que a raiva surgir, nós simplesmente nos identificaremos com ela. Concentramo-nos no objeto da raiva, pensamos sobre ele e nós agimos em direção a ele. Tudo é previsível e mecânico.

Com a introdução da atenção plena, no entanto, surge a possibilidade de escolha. Nós não nos identificamos com o evento – nós o observamos com atenção. Quando a raiva surgir novamente, nos depararemos com uma escolha bastante significativa. Ao tomarmos ciência, "Aha, o evento de raiva surgiu de novo", poderemos escolher entre nos identificar com o evento ou permanecer plenamente atentos. Queremos agir com base na raiva, ou queremos simplesmente observá-la? Se estivermos plenamente atentos surge uma possibilidade de escolha. Nós temos essa opção.

Lembre-se da sugestão de Śāntideva de que, quando nossas mentes estiverem dominadas por distorções mentais, como o ciúme, o desprezo, o ressentimento ou sarcasmo, devemos permanecer como um bloco de madeira. Isso não significa que devemos suprimir ou reprimir esses sentimentos negativos sem usar de inteligência. Isso só nos fará adoecer; é ruim para o coração, para a digestão, para a pressão arterial.

A alternativa budista é a atenção plena. Ao exercitarmos a atenção plena, podemos nos tornar mais claramente conscientes do surgimento de eventos mentais negativos. E ao tomarmos consciência deles, deixamos de perpetuá-los. A raiva e outras negatividades precisam ser "alimentadas" para sobreviverem. Digamos que eu esteja com raiva do Harry, e queira alimentar essa raiva; então eu penso em todas as coisas desagradáveis que ele fez. E se isso não for suficiente, posso pensar em todas as coisas desagradáveis que ele faria se tivesse chance. Isso mantém a raiva viva e ela pode ser alimentada por décadas.

Quando Śāntideva sugeriu que permaneçamos como um bloco de madeira quando as aflições surgirem, referia-se a não alimentar a raiva. Em vez de alimentá-la, podemos dirigir a atenção para a própria raiva, permanecer atentos a ela, e assim, não permitimos que ela domine a nossa fala ou o nosso comportamento físico.

Quando a mente está sob influência de uma distorção mental ela se torna disfuncional, como um pulso torcido. Quando a mente está disfuncional, podemos aguardar uns instantes para que ela se cure um pouco, e só depois agir. Isso pode evitar uma série de problemas, e resolver outros que nem mesmo precisariam ter surgido.

Atenção plena aos fenômenos

A mais sutil dessas práticas, a atenção plena aos fenômenos, engloba tudo o que discutimos acima. Nós prosseguimos do grosseiro para o sutil, da atenção plena ao corpo, para a atenção plena aos sentimentos, para a atenção plena aos estados mentais. Em cada uma dessas práticas, enfatizamos a inspeção atenta, a aplicação direta da atenção plena com relação ao tema com o qual iniciamos.

Esse tema, você deve recordar, é a existência ou a inexistência de um eu substancial, um ego, que possa ser encontrado dentro do corpo, nos sentimentos ou na mente. Começamos com o corpo, buscando ver se há um ego substancial, um eu, escondido em algum lugar. Em seguida, passamos para os sentimentos, porque tendemos a nos identificar com eles, no mínimo, tão fortemente como ao corpo. Enquanto inspecionávamos os sentimentos momento a momento, as perguntas eram praticamente as mesmas: Existe um "eu" aí dentro? Existe um agente? Existe uma entidade que sente, separada dos próprios sentimentos? Investigamos e investigamos, e tudo que vimos foram meros eventos, que surgiam e que passavam.

A inspeção da terceira fase, a atenção plena aplicada à mente, produz um resultado similar. Ao dirigirmos a atenção para a natureza da própria mente, aos eventos mentais, e à mente com suas distorções, encontramos a mesma coisa; ou seja, eventos mentais surgindo e se dissolvendo. Até mesmo a própria consciência surge e cessa, sem qualquer identidade pessoal. A consciência não tem identidade intrínseca. É apenas consciência. E as distorções mentais também não têm identidade; são apenas distorções mentais.

Neste momento, um observador crítico poderia protestar, dizendo: "Se quiser encontrar a si mesmo, investigue quem está fazendo a busca. É inútil procurar uma lanterna em uma sala escura como breu usando a própria lanterna; da mesma forma, o fato de não se conseguir encontrar o 'eu' no corpo, nos sentimentos ou na mente não significa que ele não está lá. Existe um eu, e é esse eu que está fazendo a busca e a meditação".

O budismo responde a isso afirmando que embora tenhamos nascido com uma noção natural e não aprendida de um eu intrínseco, não significa que esse eu realmente exista. Pensamos: "Eu quero, logo existo. Eu planejo, logo existo. Eu medito, logo existo". Essa sensação de que as coisas fluem de mim, que os pensamentos fluem de mim, está associada a essa noção inata de identidade pessoal.

Olhamos para alguém que é repugnante, e de alguma forma sentimos que é a própria pessoa que está jorrando repugnância. Sentimos que existe uma fonte de todas as qualidades com as quais identificamos determinada pessoa, e que a fonte é a pessoa por trás da cena, o ego, o "eu" que está no comando.

Temos um senso inato de que há um eu autônomo no controle. Acreditamos, que esse eu é quem está dando coerência às coisas, e que faz de qualquer um de nós um ser humano. E sem esse eu, pode-se pensar, tudo desmoronaria e não restaria pessoa alguma.

Isso pode ser verificado, não pela busca do eu, mas observando as interações entre corpo, sentimentos, estados mentais, e outros fenômenos. É como uma empresa onde os trabalhadores foram informados de que a fábrica iria fechar se não houvesse um dono na supervisão. O trabalhador pode acreditar nisso, até que comece a analisar as conexões individuais. Então, poderá ver que as inter-relações entre os trabalhadores continuam a funcionar sem o proprietário, e que a empresa continua a operar. Os trabalhadores, agem em conjunto, gerindo a si mesmos.

Quando a mente está estabilizada, é possível abandonar a sensação de um ego controlando o corpo e a mente, e passar a usar a atenção para simplesmente testemunhar. Dessa maneira, veremos que o comportamento físico e mental ocorre apenas em relação a outros eventos; ele não precisa de um eu controlador. Todos os elementos do sistema corpo-mente interagem como eventos coerentes dependentemente relacionados e, de fato, não há espaço algum para um eu autônomo.

A atenção plena abrange uma vasta gama de fenômenos, gerando *insights* sobre como todos eles se inter-relacionam. Os fenômenos que investigamos incluem todos os eventos físicos do corpo e coisas externas ao corpo; todos os sentimentos e as formações mentais, e, finalmente, a própria consciência. E a revelação que se obtém a partir de tudo isso é de que não existe um eu autônomo coordenando esses fenômenos, mas sim um complexo conjunto de inter-relações que operam por conta própria, sem um gestor único e externo.

O Buda disse diversas vezes, quando discutia este tema, que devemos verificar isso com a nossa própria experiência. Devemos obter um *insight* e, em seguida, aplicá-lo à nossa experiência com os outros. Às vezes, podemos fazer isso observando o comportamento das outras pessoas. Mas quando se trata de estados mentais isso normalmente não é possível, e por isso precisamos extrapolar fazendo inferências a partir da nossa própria experiência. Fazemos a seguinte reflexão: "Da mesma forma como isto surge na minha experiência, provavelmente ocorre na experiência dos outros". O processo é semelhante ao que nós exploramos na prática da bondade amorosa, em que começamos gerando bondade amorosa por nós mesmos, e em seguida, estendemos para os outros seres.

Três temas

Existem três temas que o Buda enfatizou fortemente para essas práticas de *insight*: impermanência, insatisfatoriedade (sofrimento) e ausência de identidade.

A impermanência só pode ser entendida quando saturamos a mente com a compreensão da natureza transitória e flutuante de todos os fenômenos condicionados. Por que isso é tão importante? É crucial, porque muito da forma como agimos e pensamos baseia-se na premissa exatamente oposta: de que as coisas são estáticas, e de que podemos fazer com que permaneçam do jeito que desejamos.

Um dos problemas fundamentais é que temos a tendência de reificar as coisas, fazendo-as parecer permanentes e estáveis quando na verdade não são. Entramos em relacionamentos, adquirimos coisas, e dizemos: "Ah, aqui mora a minha felicidade". Ao fazermos isso, suprimimos a natureza transitória do mundo experienciado. Compreender essa questão intelectualmente é uma coisa, mas outra coisa bem diferente é experienciá-la, momento a momento, e adaptar o nosso modo de vida em conformidade com essa compreensão. Ao reconhecer nossos apegos aos eventos e às pessoas, podemos transpor essa falsa sensação de permanência e substituí-la por uma visão mais profunda da realidade.

A insatisfatoriedade (sofrimento) é o segundo tema, também chamado de *duḥkha*. A ênfase aqui, como discutido anteriormente, é reconhecer a realidade das nossas vidas. Um erro comum é associar todo o nosso bem-estar a estímulos agradáveis externos – casa, família, esposo, filhos – situações que estão sujeitas a mudanças a todo momento. Nós nos agarramos a essas coisas com urgência, como se elas fossem nos apoiar, mas não vão. Em vez disso, elas irão inevitavelmente mudar, e se investirmos o nosso bem-estar nelas por apego, viveremos em constante ansiedade à medida que essas mudanças forem nos atingindo. Isso é sofrimento, não porque a situação esteja errada, mas porque buscamos uma base duradoura para o bem-estar em eventos que não perduram.

A última é a não identidade, a ausência de um eu intrínseco. Isso é crucial porque o oposto, fixar-se a um eu intrínseco, é a confusão – a distorção mental fundamental, a raiz de onde surgem todas as outras aflições.

Tudo que foi discutido acima são ensinamentos budistas fundamentais. A principal ênfase é curar o indivíduo, trazer uma maior sanidade. Nos capítulos seguintes exploraremos as práticas Mahāyāna que desenvolvem esses temas, abrindo dimensões mais profundas para a introspecção por meio da integração de sabedoria e compaixão.

12

Os veículos individual e universal do budismo

O veículo individual

O budismo tibetano identifica três orientações de um indivíduo para a prática espiritual. A primeira delas é a de uma pessoa de "capacidade pequena", cuja perspectiva com relação ao *Dharma* é essencialmente manter ou aumentar o bem-estar mundano. Tendo em conta as vidas futuras, que se estenderão até um futuro distante, uma pessoa de capacidade pequena coloca uma prioridade maior em plantar as sementes de felicidade para uma vida futura do que nas oito preocupações mundanas desta vida. Com essa motivação, aplica-se à virtude e procura evitar a não virtude.

Uma pessoa de capacidade média investiga mais profundamente a origem e a natureza do sofrimento. Ela reflete sobre como a mente se perturba com o desejo, a hostilidade e a confusão, e sobre o tipo de vida que essas aflições geram. Tendo em mente as três características de impermanência, sofrimento e ausência de identidade, uma pessoa de capacidade média preocupa-se com mais do que simplesmente manter ou lidar com o seu atual grau de bem-estar. Em vez disso, motivada por uma atitude de buscar o despertar, ela aspira a alcançar a liberação definitiva do sofrimento e de suas causas. Essa prática budista é chamada de "veículo individual", uma vez que suas práticas todas dependem de um esforço individual, e as consequências dessas práticas manifestam-se no indivíduo e para o indivíduo.

Segundo o budismo, o caminho individual leva à cessação do ciclo de renascimento. Muitos budistas consideram que esse objetivo final da prática espiritual seja adequado. Mas outros podem perguntar: "E daí? Faz sentido ter vivido inúmeras vidas desde tempos sem princípio, para por fim descobrir que a culminância de tudo é parar?" Ou ainda: "O que aconteceu com o próprio Buda, quando ele atingiu o despertar espiritual sob a árvore de Bodhi?" Em mais de uma ocasião em que o Buda foi questionado sobre esses importantes temas metafísicos, ele não respondeu. Quando questionaram se o universo teve um início ou não, ele não respondeu. Quando lhe pediram para explicar seu silêncio sobre esses assuntos, ele ofereceu a parábola de um homem atingido por uma flecha envenenada. Quando um homem está morrendo envenenado, disse o Buda, é inútil perguntar de onde a flecha veio ou quem a atirou. O mais importante é remover a flecha.

Portanto, a primeira mensagem do Buda foi "lide com as coisas práticas e imediatas – o alívio do sofrimento e das distorções mentais – antes de querer atravessar o mar da metafísica". É um sistema razoável, que não requer nenhum salto de fé e concentra-se no esforço individual. E muitas pessoas dizem: "Isso foi tudo o que o Buda ensinou. Ele se recusou a discutir questões metafísicas".

Mas outros dizem que essa não é a resposta completa, já que no budismo também há espaço para os grandes questionamentos sobre o sentido da vida. E é aqui que cruzamos um limiar, passando da perspectiva mediana para o que comumente chamamos de *Mahāyāna*, ou de o grande veículo.

O veículo universal

Outra tradução de *Mahāyāna* é veículo universal. Enquanto o veículo individual concentra-se no indivíduo, o veículo universal inclui todo o universo dos seres sencientes. A motivação de uma pessoa de grande capacidade que adota esse veículo, não é apenas atingir a própria liberação, mas esforçar-se para atingir o despertar espiritual mais elevado possível para benefício de todos os seres.

As origens históricas do budismo são úteis para explicar a relação entre o veículo universal e o individual. Os ensinamentos essenciais do veículo individual estão contidos no que é conhecido como Cânone Pali, que são os ensinamentos do Buda registrados no idioma pali. Esses ensinamentos são fundamentais, e eles são quase que exclusivamente focados no caminho individual.

Então de onde vêm os ensinamentos da tradição *Mahāyāna*? Os defensores tradicionais do *Mahāyāna* dizem que eles também vêm do Buda. Além de ensinar como se tornar um *arhat* através da realização do nirvana, conforme explicado no Cânone Pali, o Buda também ensinou detalhadamente sobre como tornar-se um buda como ele. O ponto de vista do budismo tibetano é que durante o período de vida do Buda, não havia chegado o momento para que esses ensinamentos fossem ensinados ao público em geral. Por isso, diz a tradição, os ensinamentos foram preservados muito secretamente e transmitidos oralmente por centenas de anos antes que fossem até mesmo escritos. A partir do primeiro século da era cristã, os ensinamentos *Mahāyāna* começaram a ser divulgados publicamente. Uma vez tornados públicos, espalharam-se rapidamente ao oeste até o Afeganistão e ao leste por toda a China, por fim pela Coreia e Japão, bem como por outros locais do sudeste da Ásia.

Como é que o Buda poderia ter dado dois conjuntos de ensinamentos, e um deles ter sido mantido oculto por centenas de anos? A escola *Mahāyāna* tem uma explicação bastante elegante para isso, que chega à própria raiz de uma distinção essencial entre as escolas.

Os discursos do Buda sobre o tema da "Perfeição da sabedoria" são um exemplo notável da forma como o ponto de vista *Mahāyāna* parece subjugar nossas suposições convencionais sobre a natureza da realidade. Os registros desses ensinamentos dizem que centenas de milhares de *bodhisattvas*, *arhats*, monges, leigos, devas e outros seres foram convocados ao Pico dos Abutres, um lugar real na Índia, para ouvir os ensinamentos do Buda.

Mas o problema é que, como o Dalai-Lama destacou em seu livro *Transcendent Wisdom*, o Pico dos Abutres é fisicamente muito pequeno para ter acomodado todos aqueles seres. O que isso significa? Será que o pico de alguma forma sofreu erosão nesse curto período de 2.500 anos? Isso parece improvável. Em vez disso, os praticantes *Mahāyāna* tradicionais acreditam que, apesar de muitos seres estarem presentes quando o Buda ensinou, alguns deles existiam em outros reinos ou dimensões, permitindo que todos estivessem presentes simultaneamente. E mais – diferentes grupos ouviram simultaneamente diferentes ensinamentos.

Esse último ponto baseia-se no conceito de carma, a ideia de que diferentes seres levaram consigo diferentes marcas cármicas de vidas anteriores ao Pico dos Abutres. E isso determinou suas habilidades para ouvir os ensinamentos do Buda de maneiras variadas.

A partir desse ponto de vista, o que cada ser estava ouvindo não dizia respeito àquilo que o Buda, como uma entidade objetiva, no pico de uma montanha objetiva, estava ensinando. Em vez disso, o que cada um estava ouvindo e experimentando estava intimamente relacionado com as condições subjetivas que cada um havia levado consigo.

Se analisarmos novamente os ensinamentos do veículo individual, poderemos começar a contextualizá-lo. Lembre-se de que o que está sendo contestado no veículo individual é o pressuposto básico sobre a natureza do eu, isto é, se existimos intrinsecamente como um "eu" sólido e imutável ou não. Esses ensinamentos também questionam nossas suposições sobre os fenômenos físicos, destacando, por exemplo, que todas as coisas estão em fluxo e são apenas eventos. Mas a questão ainda mais abrangente – se o mundo existe intrinsecamente ou não – recebe muito mais atenção nos ensinamentos *Mahāyāna*.

O *Mahāyāna* desafia a nossa suposição natural de que o mundo físico, aquele que experienciamos por meio dos sentidos, exista independentemente de percepções sensoriais e concepções. Trabalhando com uma abordagem filosófica e contemplativa integrada, conclui-se que o mundo que percebemos não existe independentemente da nossa percepção; e o mundo como o concebemos tampouco existe independentemente dos nossos conceitos. Em vez disso, a realidade é, na verdade, um sistema integrado de eventos experienciados, incluindo as experiências dos indivíduos e a experiência coletiva de muitas pessoas, em um sentido mais amplo.

Aplicando essa abordagem às questões levantadas sobre os ensinamentos do Buda no Pico dos Abutres, começamos a ver algumas respostas surgindo. Desse ponto de vista, os ensinamentos não eram como um alto-falante proferindo palavras objetivas para ouvintes estáticos, mas sim um sistema de fala e escuta que estava inextricavelmente interligado. E pelo fato de os seres que estavam ouvindo o Buda existiam em níveis espirituais profundamente diferentes, o evento percebido por um grupo era muito diferente do evento percebido por outro.

Com tudo isso em mente, podemos perguntar de novo: "Qual é a natureza da realidade?" A resposta é que a realidade que vivemos surge na dependência das nossas próprias capacidades perceptivas e conceituais. Embora os fenômenos pareçam existir por si mesmos, totalmente independentes das percepções e conceitos, não é assim que eles existem.

Esse é um afastamento importante dos pressupostos do veículo individual, ou de qualquer sistema realista. Esses sistemas afirmam que a realidade existe como aparece. Podemos descrevê-la e a nossa descrição pode estar certa ou errada, dependendo do quanto essa descrição corresponder com precisão à realidade objetiva. Mas, com a afirmação de que a realidade que vivemos existe apenas na dependência de nossas concepções, então o que significa uma "descrição correta"? E se uma experiência não mediada da realidade absoluta está inteiramente além da nossa concepção, a ideia de uma descrição correta da realidade última torna-se profundamente problemática.

Agora podemos começar a entender como o Buda deu tantos ensinamentos diferentes para tantas pessoas diferentes. Todos esses ensinamentos utilizaram ferramentas conceituais para guiar os ouvintes para uma experiência de realidade que não pode ser apreendida com conceitos.

Podemos ter uma profunda realização de alguma coisa, mas isso não significa que sejamos capazes de colocá-la em palavras que possam levar uma outra pessoa à mesma realização. Isso também é válido para experiências em termos mais gerais. Por exemplo, se uma pessoa nunca provou nenhum doce, é inútil tentar descrever o sabor do chocolate para essa pessoa. Como ouvintes, tudo o que podemos fazer com a linguagem é compreendê-la em termos da nossa própria experiência. Nós não conseguimos adotar a perspectiva daquele que fala.

Uma questão importante que é tratada de forma diferente nos veículos individual e universal do budismo é: O que acontece com um buda após sua morte? Ou, em um sentido mais amplo, o que é um buda? De acordo com o veículo individual, o Buda era um homem iluminado que morreu, e que nunca mais renascerá no ciclo da existência. Na perspectiva *mahāyāna*, a questão de quem era o Buda parte de uma visão muito maior. A explicação disso exige três palavras em sânscrito.

A primeira, *dharmakāya*, é traduzida literalmente como o "corpo da verdade" – *dharma* significa verdade e *kāya* significa corpo. Também pode ser traduzida como o corpo espiritual do Buda. Na tradição *Mahāyāna*, diz-se que a consciência de um buda é uma consciência transcendente que permeia toda a realidade simultaneamente. Ele está ciente de toda a realidade através do tempo e do espaço, está presente em toda parte e tem poder inexprimível e inesgotável.

O *dharmakāya* produz formas, conforme o poder infinito da mente do buda se manifesta. Uma das manifestações da mente do buda é chamada *sambhogakāya*, ou corpo realizado, descrita como uma forma humana que de tão sutil, apenas os seres altamente realizados são capazes de percebê-la. Tais seres incluem budas e *āria-bodhisattvas*, ou *bodhisattvas* que alcançaram uma realização direta da realidade última. Para seres comuns como nós, os *sambhogakāyas* são inacessíveis.

Do *sambhogakāya* é emanado o *nirmāṇakāya*, ou corpo emanado. Essas formas mais grosseiras podem aparecer no nosso mundo. E da perspectiva *Mahāyāna*, diz-se que o Buda histórico foi um *nirmāṇakāya*, uma manifestação física do *dharmakāya*.

Quando contemplamos ideias como essas, estamos nos movendo para além dos paralelos com a psicologia que são comuns nos ensinamentos fundamentais do budismo. Na verdade, essas ideias requerem fé, o que no Ocidente é sugestivo de religião.

Fé

A esta altura, a fé é essencial. Por quê? Porque para nos tornarmos receptivos à atividade do *dharmakāya*, devemos afirmar intuitivamente sua existência, embora ainda não a tenhamos experienciado. Por parte do *dharmakāya*, há energia inesgotável dedicada ao bem-estar de todos os seres sencientes. Embora haja muitas portas para esse poder na prática *Mahāyāna*, a chave para todas elas é a fé no *dharmakāya*.

Os budistas tibetanos fazem frequentemente uma analogia com um dia bastante ensolarado, em que o sol irradia-se para todas as direções. Os raios de sol são como o *dharmakāya*, um poder que está sempre inesgotavelmente presente. Mas se o *dharmakāya* afetará a vida da pessoa ou não, dependerá de sua atitude, que é comparado a uma tigela. Se o recipiente estiver emborcado – isto é, se a pessoa não tiver fé – então nenhuma luz entrará, não importa o quão brilhante seja o sol do *dharmakāya*. Mas, assim que a tigela for colocada na posição correta, será preenchida pela luz.

Visto nesse contexto, o significado da tomada de refúgio no *Mahāyāna* é muito amplo. Não é meramente tomar refúgio em um ser histórico que faleceu, embora signifique isso também. Significa tomar refúgio no *dharmakāya*, que está presente e ativo neste exato momento.

Voltando à discussão anterior sobre o papel da conceituação na compreensão da realidade, a fé surge agora como um agente ativo na construção da realidade que experienciamos. Isso não quer dizer que traremos o Buda ou o *dharmakāya* à existência por meio das nossas crenças. Mas se não tivermos fé, o *dharmakāya* será excluído da nossa realidade consciente. Se abrirmos o coração à fé, transformaremos a percepção e a concepção que temos do mundo.

Do ponto de vista do *Mahāyāna*, o *dharmakāya* é a consciência infinita de todos os budas, e é também a fonte de compaixão por todos os seres sencientes. Para pessoas a quem os ensinamentos budistas não são apropriados, o *dharmakāya* manifesta-se de maneiras não budistas, satisfazendo suas necessidades.

Portanto, tomar refúgio na tradição *Mahāyāna* torna-se uma questão sutil. Ela começa, é claro, com o Buda histórico e seus ensinamentos que conduzem o praticante no caminho do despertar espiritual completo. O Buda, para os praticantes ao *Mahāyāna*, é uma realidade que pode ser experienciada neste exato momento. Conforme removemos os obscurecimentos da nossa mente, somos cada vez mais capazes de experienciar o buda na vida diária.

Ainda hoje, pessoas continuam a ter visões do Buda e a receber ensinamentos dele – é um processo contínuo. O Dalai-Lama fala sobre isso em seu livro *Transcendent Wisdom*, dizendo que, da perspectiva *Mahāyāna*, é possível encontrar o Buda agora tão vividamente como as pessoas o encontraram em carne e osso há 2.500 anos.

Nosso guia no caminho

Na tradição *Mahāyāna* tomamos refúgio em três coisas: no Buda, no *Dharma* (seus ensinamentos) e na *Saṅga* (comunidade espiritual, especialmente os *āryas*). Também tomamos refúgio nos nossos mentores espirituais. A maioria dos nossos professores pode não ser plenamente iluminada. Assim como nós, eles são viajantes no caminho espiritual, embora possam ter atingido um grau mais elevado de *insight*. São professores competentes, capazes de nos levar mais à frente ao longo do caminho, e sabendo disso, tomamos refúgio e confiamos neles.

Como afirmado anteriormente, no veículo individual, o professor é considerado um representante do Buda, que nos guia até a experiência do nirvana. Na tradição *Mahāyāna*, a visão do mentor espiritual é bastante diferente, uma diferença enraizada na noção de *dharmakāya*, a consciência transcendente do Buda. Desse ponto de vista, um mentor espiritual é um receptáculo para a expressão do *dharmakāya*. Enquanto o mentor espiritual for capaz de expressar o *dharmakāya* internamente, ele será uma manifestação da verdadeira natureza de buda.

A noção de *dharmakāya* é especialmente útil quando temos de lidar com as possíveis falhas do nosso professor. A distinção sutil, mas significativa, é que não estamos dizendo que todos os mentores espirituais são budas realizados, mas sim que os consideramos como se fossem janelas através das quais vislumbramos o *dharmakāya*.

Isso tem várias implicações. Por um lado, se algum dia tomarmos conhecimento de algum erro de um professor, precisaremos nos lembrar de que o professor não é um objeto estático, mas uma matriz de eventos experienciados, inextricavelmente conectados às nossas próprias percepções e concepções. Quando compreendemos isso, assumimos algum grau de responsabilidade pelas falhas que vemos nos outros. Quando começamos a olhar profundamente para a questão do quanto as falhas aparentes de um professor vêm dele, e o quanto vêm de nós mesmos, ganhamos uma maior compreensão e nos desenvolvemos.

Se olharmos para o mentor espiritual como se ele ou ela estivesse expressando o *dharmakāya*, quando nos depararmos com uma falha, como por exemplo, estreiteza mental, nós a reconheceremos pelo que ela é. Como dito acima, compreendemos que essa qualidade pode estar dentro de nós também, e podemos aprender com a maneira como percebemos isso em outra pessoa. Ou mediante uma reflexão mais profunda, podemos concluir que o que julgamos ser estreiteza mental é puramente uma projeção de nossa parte, decorrente da nossa própria confusão.

Será que temos que ficar fazendo julgamentos sobre o nosso professor? A resposta é não. Nossa tarefa é transformar e despertar nossas próprias mentes para o benefício de todos os seres sencientes. As aparentes imperfeições do nosso professor, dentro do contexto de uma compreensão do *dharmakāya*, são simplesmente ferramentas que podemos usar para completar essa tarefa.

Natureza búdica

Agora podemos refletir sobre o significado de natureza búdica. No contexto *Mahāyāna*, encontramos frequentemente a afirmação de que todos os seres sencientes, incluindo humanos, são dotados de natureza búdica. Essa natureza de buda é descrita como o potencial para o despertar completo, ou como a perfeição essencial de cada ser senciente, que está temporariamente oculta pelos véus da delusão. Esses ensinamentos baseiam-se em parte no *Uttārātantra*, que em certa medida trata desse assunto.

Nesse texto, são dadas três razões pelas quais todos os seres sencientes têm natureza búdica. A primeira delas é que o *dharmakāya* permeia todos os seres sencientes. A segunda é que a vacuidade é não diferenciada e é a natureza última de todos os fenômenos. E a terceira, todos os seres sencientes têm o potencial para o despertar completo.

Mas o que exatamente vem a ser natureza búdica? O *Uttārātantra* declara que a presença da natureza búdica, essa qualidade essencial da mente, é responsável pela nossa insatisfação com o sofrimento, e é também responsável pelo desejo, esforço e aspiração à liberação. Sabemos que todos nós queremos obter felicidade e nos livrar do sofrimento, mas por quê? De acordo com esse ponto de vista, a base é a natureza búdica, que é o motivador fundamental.

Uma das analogias mais comuns usadas para descrever a natureza búdica é o próprio espaço. Essa analogia tem três aspectos. Em primeiro lugar, assim como o espaço é onipresente e ainda assim não se contamina por nada que permeia, do mesmo modo, a natureza búdica permeia todos os seres sencientes sem que sofra qualquer contaminação. Em segundo lugar, assim como galáxias e universos surgem e desaparecem no espaço, da mesma forma as características da nossa personalidade surgem e desaparecem dentro da natureza búdica. Nossas sensações surgem e desaparecem, e a natureza búdica prossegue. Em terceiro lugar, do mesmo modo que o espaço nunca é consumido pelo fogo, a natureza búdica nunca é consumida pelo "fogo" do envelhecimento, da doença ou da morte.

De acordo com o *Mahāyāna*, a natureza búdica é a natureza essencial da nossa própria mente. Também é conhecida como consciência primordial, mente extremamente sutil, ou mente original.

Os dois aspectos da natureza búdica

A natureza búdica tem dois aspectos principais: um aspecto precisa ser descoberto, enquanto o outro precisa ser desenvolvido. Com relação ao primeiro, diz-se que cada um de nós tem uma natureza essencial, sem princípio, e que nunca perece. E essa essência, que está oculta embora pareça que a compreendemos, é a fonte de sabedoria e compaixão infinitas.

Esse ponto é ilustrado pela seguinte analogia: imagine um homem muito pobre que vive em um pequeno barraco muito velho, a única coisa que ele possui no mundo. O que ele não sabe é que bem embaixo do seu barraco, escondido na sujeira, há uma mina inesgotável de ouro. Enquanto não descobrir essa riqueza oculta, o mendigo permanecerá na pobreza; mas quando prestar mais atenção ao lugar onde mora, descobrirá uma riqueza insondável. Da mesma forma, tudo o que precisamos fazer é remover os véus que encobrem a nossa própria natureza, e encontrar essa fonte inesgotável de sabedoria, compaixão e poder. Não é nada que precise ser adquirido de qualquer outro lugar ou qualquer outra coisa – esteve sempre lá.

Visto por esse prisma, não há o que acrescentar à natureza búdica. Não é preciso memorizar sutras, recitar orações, e nem acumular virtudes para criá-la. Tudo o que precisamos fazer é desvendá-la.

Esse aspecto da natureza búdica que é desvelado é o *dharmakāya*. O *dharmakāya* é não diferenciado, não compartimentalizado e onipresente. Quando a natureza búdica é plenamente desvelada, a própria mente é revelada como o *dharmakāya,* e o *dharmakāya* que experienciamos quando nos tornamos um buda não é intrinsecamente separado do *dharmakāya* de qualquer outra pessoa. Isso tem sido comparado ao mar dissolvendo em uma gota d'água. A consciência de uma pessoa realizada funde-se com o *dharmakāya*, mas a identidade da pessoa não se perde. A continuidade da consciência é mantida.

O segundo aspecto da natureza búdica é desenvolvido e aperfeiçoado por meio da prática espiritual. Aqui se utiliza frequentemente a analogia de uma semente. Assim como uma semente tem o potencial de se desenvolver e se tornar uma árvore grande e gloriosa, a natureza búdica também se desenvolve e se torna o estado búdico. Mas ao contrário de uma semente, a natureza búdica não pode ser destruída. Ela simplesmente existe, sempre presente, pronta, assim como uma semente pronta para germinar quando posta em contato com as condições apropriadas. Essas condições para a germinação são os ensinamentos, as práticas espirituais, o mentor espiritual, ou seja, condições que nos permitem praticar.

Deparamo-nos então com uma das questões mais intrigantes sobre tudo isso: Como pode a natureza búdica ser essencialmente perfeita, e ainda assim precisar ser "desenvolvida"? A resposta é que se trata de uma questão de perspectiva. Em outras palavras, vermos a natureza de buda completa e perfeita, sem necessidade de se desenvolver, ou vermos como evolução e amadurecimento na direção do estado de buda, não depende da natureza de buda em si, mas de como a percebemos.

Se analisarmos essa questão do ponto de vista da própria natureza búdica, concluiremos que ela não está se desenvolvendo. Não há necessidade de se desenvolver, pois ela já é perfeita da perspectiva da qualidade totalmente desperta de um buda. Mas se considerarmos a natureza búdica a partir de uma perspectiva humana comum, reconheceremos que temos obscurecimentos que precisam ser dissipados através da prática espiritual. E, à medida que progredirmos, veremos os obscurecimentos se transmutando, e a nossa mente se purificando. Desse ponto de vista, pode-se entender a natureza búdica como algo que se desenvolve.

Podemos traçar um paralelo com duas perspectivas sobre a própria iluminação do Buda. Do ponto de vista do veículo individual, ele não era um buda até sua última vida, 2.500 anos atrás, quando então atingiu o estado de buda. Houve um momento, no início da manhã, quando ele tinha trinta e cinco anos de idade, em que esse homem alcançou o despertar espiritual.

Do ponto de vista *Mahāyāna*, temos um quadro bastante diferente, isto é, o Buda já era um ser plenamente desperto quando nasceu. Em sua encarnação como o Buda histórico, ele surgiu e esforçou-se diligentemente, praticou austeridades até encontrar o caminho do meio; mas o tempo todo ele estava simplesmente "manifestando" os feitos de um buda. Do ponto de vista dos seres sencientes, ele surgiu para alcançar o despertar espiritual através do esforço diligente; mas de uma perspectiva transcendente, ele já era iluminado, durante todo o curso de sua prática aqui neste reino.

Devemos aceitar inicialmente a existência da natureza búdica por fé, mas ela pode ser despertada, tornada manifesta em nossas vidas diárias. Como? Um elemento crucial é o cultivo da grande compaixão, que é fundamentada no entendimento de que todos os seres sencientes são iguais em termos de natureza essencial. A natureza búdica também pode ser realizada meditativamente, penetrando a natureza mais fundamental de nossas próprias mentes. Juntamente com a compaixão como um elemento formativo fundamental, o despertar da natureza búdica abre então a porta para o modo de vida do *bodhisattva*, voltado inteiramente para a iluminação, para benefício de todos os seres sencientes.

13

Cultivando o espírito
do despertar

A aspiração de alcançar o despertar espiritual para benefício de todos os seres sencientes é um ideal que está no âmago do caminho *Mahāyāna*. Chamado de *bodhicitta* em sânscrito, e traduzido como o *espírito do despertar*, seu cultivo é o elemento-chave que leva a pessoa ao estado de buda. Discutimos anteriormente vários tipos de meditação discursiva e não discursiva, todos úteis para cultivar o espírito do despertar. Além destes, no entanto, é muito útil dedicar-se a práticas devocionais, que ajudam a nutrir a disciplina espiritual assim como a água ajuda a nutrir um jardim. Pode-se ter uma semente, solo, sol e calor, mas sem água, a semente permanecerá na terra seca sem germinar. Da mesma forma, sem a umidade da devoção, as outras práticas podem se tornar estéreis.

Conta uma história tibetana, que um eminente Lama, durante seus ensinamentos, explicava meditações discursivas e não discursivas relativas a vários temas profundos. Mas todos os dias, antes de começar os ensinamentos, ele conduzia práticas devocionais por quatro a cinco horas e todos precisavam participar ou esperar.

Frustrado com isso, um dos monges mais eruditos chamou-o de lado, dizendo: "Sabe, nós já estamos bastante familiarizados com essas práticas devocionais. Você não poderia abreviá-las para que pudéssemos passar mais tempo nos dedicando ao que é mais importante?"

O Lama lançou-lhe um olhar penetrante e disse: "Você pode fazer o que quiser. Se o seu interesse for puramente conhecimento intelectual, faça do seu jeito. Mas se quiser obter alguma realização espiritual, sugiro que você faça do meu jeito. É a devoção que torna esse tipo de prática espiritual eficaz".

A prática que discutirei aqui é conhecida como Devoção de Sete Ramos, extraída de versos encontrados em *A Guide to the Bodhisattva's Way of Life* (*Bhodhicaryāvatāra*), de Śāntideva. Estes versos são frequentemente recitados e contemplados na prática budista tibetana.

A prece dos sete ramos

O primeiro verso que iremos examinar não é um dos sete ramos; é um versículo preliminar de tomada de refúgio. Ele afirma:

> Até que eu chegue ao coração do despertar
> Eu tomo refúgio nos Despertos.
> Para isso, devo também tomar refúgio no *Dharma*
> E na comunidade de *bodhisattvas*.

A primeira frase, "coração do despertar", refere-se à iluminação de um buda. A seguinte, tomar "refúgio nos Despertos", pode ser entendida de maneiras diferentes. O *refúgio causal* significa tomar refúgio em outra pessoa, em alguém que tenha atingido a iluminação. Tomar refúgio nessa outra pessoa ajuda a causar ou induzir o despertar, e portanto, é chamado de causal. O *refúgio resultante* significa tomar refúgio em si mesmo, no buda que nos tornaremos. Ao mesmo tempo, isso também é tomar refúgio na natureza de buda, na própria bondade essencial e imaculada.

O primeiro dos sete ramos expressa a homenagem:

> Com corpos tão numerosos quanto os átomos do universo,
> Eu me curvo a todos os budas
> Que surgiram nos três tempos,
> E ao *Dharma* e à comunidade suprema.

"Com corpos tão numerosos quanto todos os átomos no universo": esta é uma identificação com todos os corpos que o praticante teve em todas as vidas anteriores, e com todos os corpos que terá em todas as vidas futuras. Aqui, a chave é reverenciar, colocar-se na posição mais inferior. Isso coloca o praticante em um estado mental fértil. É disso que trata a primeira parte desta prece – cultivar a si mesmo como se fosse um vale fértil.

Os tibetanos têm uma analogia maravilhosa para isso. Eles veem uma pessoa que se considera acima dos outros, acreditando que é melhor e que sabe mais do que todo mundo, e dizem que ela é como alguém sentado no topo de uma montanha: faz frio, é difícil, e nada crescerá. Mas se a pessoa se colocar em uma posição mais inferior, será então como um campo fértil.

O segundo ramo é uma oferenda:

> Aos Vitoriosos e aos seus Filhos,
> Ofereço eternamente todos os meus corpos.
> Ó, Seres Supremos, aceitem-me plenamente.
> Com reverência serei vosso servo.

Os vitoriosos são os budas, que obtiveram a vitória sobre as distorções e obscurecimentos de suas próprias mentes. Seus filhos são os *bodhisattvas*, aqueles que se tornarão budas.

O próximo ramo tem três versos, e é conhecido como a declaração das más ações:

> Aos Seres Perfeitamente Despertos e àqueles
> Que possuem o espírito do despertar e a grande compaixão,

Que estão presentes em todas as direções,
Rezo com as mãos unidas.

Ao longo do ciclo de existência sem princípio,
Nesta e em outras vidas,
Tenho cometido o mal inconscientemente
E levado outros a também cometê-los.

Oprimido pelos enganos da confusão,
Tenho me regozijado nessas ações.
Depois de ter visto o erro de meus caminhos,
Eu sinceramente os declaro aos Protetores.

Esta seção é centrada na declaração do que é não virtuoso por meio do reconhecimento das más ações cometidas no passado. Aqui, revelamos a todos os budas esses atos não virtuosos passados. Em certo sentido, estamos também nos dirigindo à nossa própria natureza búdica, reconhecendo que, no passado, nos envolvemos em ações não virtuosas e até mesmo nos alegramos com elas, mas agora reconhecemos essas ações pelo que elas são. É importante reconhecer que esses versos não sugerem culpa em nenhum momento. Vemos esses eventos ou ações reconhecendo-os como erros e os soltamos.

O quarto ramo diz respeito a regozijar-se com a virtude e seus frutos:

Com alegria regozijo-me
No oceano de virtude do cultivo do espírito
Que conduz todas as criaturas ao bem-estar,
E nos feitos que beneficiam todos os seres
scientes.

Aqui regozijamo-nos em nossa própria prática que gera compaixão e bondade amorosa, bem como no benefício oferecido aos outros. Também nos regozijamos nas virtudes e práticas dos outros.

O quinto ramo roga que o *Dharma* continue a ser revelado:

> Aos Seres Despertos de todas as direções,
> Rezo com as mãos unidas:
> Pelos seres sencientes que estão confusos na escuridão do sofrimento,
> Rogo para que acendam a lamparina do *Dharma*.

A sexta parte solicita que os Seres Despertos permaneçam:

> Aos Vitoriosos que consideram a possibilidade de passar para o nirvana,
> Rezo com as mãos unidas:
> Não deixem este mundo na cegueira,
> Mas rogo para que permaneçam por incontáveis éons.

Pedimos que os budas respondam às nossas necessidades espirituais. Os Seres Despertos estão em ação por nós, não para benefício de si mesmos – é bastante apropriado e valioso fazer tal pedido.

Finalmente, o sétimo ramo faz a dedicação de méritos:

> Devido a qualquer virtude que eu tenha acumulado
> Com ações como estas,
> Que todo o sofrimento
> De todos os seres sencientes seja dissipado.

Isso direciona o poder espiritual acumulado pelo praticante a todas as direções para o alívio do sofrimento de todos os seres sencientes.

A abordagem monástica da grande compaixão

Se buscarmos por métodos de cultivo de *bodhicitta* nos textos budistas clássicos, possivelmente encontraremos discussões semelhantes às apresentadas no oitavo capítulo de *A Guide to the Bodhisattva's Way of Life* (*Bhodhicaryāvatāra*), de Śāntideva.

Em essência, o capítulo trata da abordagem monástica para cortar apegos mentais com a finalidade de cultivar *bodhicitta*. Śāntideva recomenda aquilo que poderia ser chamado de uma abordagem estritamente contemplativa: superar e livrar-se de todos os apegos, retirando-se para a floresta para uma vida de solitude, e, em seguida, a partir desse isolamento, gerar *bodhicitta*. É uma abordagem monástica austera, mas que de fato funciona, e é por isso que tem sido ensinada por tanto tempo.

Em seu oitavo capítulo, Śāntideva enfatiza fortemente a importância de minar os apegos românticos. Usando termos mais claros, ele tenta desencorajar a atração sensual pelo sexo oposto, chamando o corpo da mulher de um saco de carne preenchido com nada além de órgãos e excrementos. (Naturalmente, a uma monja budista era ensinado ver o corpo masculino da mesma maneira.) O que Śāntideva tenta fazer aqui é banir da mente do ouvinte qualquer vestígio de atração pelo romance, especialmente pela sexualidade, e deixar o caminho livre para o desenvolvimento da *bodhicitta*.

A tradição tibetana apresenta duas abordagens para cultivar a compaixão. A primeira é esta abordagem monástica, bem adequada ao cultivo da equanimidade da mente. Como um monge não tem cônjuge e nem filhos, ele pode ser menos inclinado a estimar algumas pessoas e rejeitar outras. O monge se afasta dos apegos humanos e trata a todos com equanimidade. É uma situação favorável ao desenvolvimento da bondade e da compaixão universal.

A abordagem leiga da grande compaixão

O budismo tibetano também apresenta uma abordagem leiga do cultivo da compaixão para o praticante que está ativamente engajado na sociedade, que tem um cônjuge e filhos, bem como muitas outras tarefas da vida mundana. Embora esse estilo de vida muitas vezes agrave o apego e outras distorções mentais, essas relações também oferecem um grande potencial para o crescimento espiritual.

A maioria dos relacionamentos humanos íntimos contém apego misturado com amor e compaixão. Uma forma de lidar com isso, como já vimos, é o praticante se afastar dessas relações, isolar-se e focar no desenvolvimento de amor e compaixão por todos os seres de maneira equânime. A outra alternativa é decidir ficar nas relações e refiná-las, reconhecendo que há um valor muito profundo nessas relações, mesmo que estejam misturadas com distorções mentais. Essa situação constitui um terreno fértil para o cultivo do discernimento, particularmente entre apego e bondade amorosa e compaixão puras.

Em um relacionamento romântico geralmente há um forte elemento de apego, mas há também amor e carinho. Tendo cultivado um interesse amoroso e altruísta pelo bem-estar da outra pessoa, o próximo passo é desenvolver esse mesmo cuidado para com os outros, incluindo, ao final, todos os seres sencientes equanimemente. Essa é a base para a grande compaixão.

O monge começa seu caminho espiritual, retirando-se da sociedade humana, e a partir dessa perspectiva, ele expande sua amorosidade terminando por incluir todos os seres sencientes igualmente. Os praticantes leigos podem começar interessando-se de forma amorosa por suas famílias, e então, passam a ampliar gradualmente essa atitude até abranger todos os seres vivos. Se isso não acontecer, a família continuará sendo simplesmente uma unidade coesa, separada do resto dos seres sencientes por uma muralha de autocentramento. No entanto, se a bondade amorosa de fato se expandir, poderá constituir um importante caminho para o despertar.

Śāntideva oferece uma analogia maravilhosa para esse senso de cuidado expandido para com os outros. Ele sugere que cultivemos uma visão de nós mesmos e dos outros como membros de um mesmo corpo. Se o pescoço coça, por exemplo, a mão não sente que está fazendo um favor ao pescoço quando se move até ele para coçá-lo. Isso porque há uma conexão mais profunda entre eles do que as identidades individuais de mão e pescoço, que é a consciência do corpo como um todo.

Alguém pode com razão retrucar: "Isso é bonito, mas não é verdade quando se trata de pessoas. Pode acontecer de eu passar o dia todo deprimido, enquanto Scott está bem feliz. Não somos um só corpo. Somos diferentes". Com respeito a essa resposta, Śāntideva recomenda que o praticante experiencie o sofrimento sem projetar o sentido de "meu" sobre ele, simplesmente reconhecendo-o como sofrimento, sem que tenha inerentemente algum dono. A questão essencial aqui é: O que faz com que o meu sofrimento seja meu? Śāntideva sugere que isso se dê porque estamos habituados a nos identificar com o sofrimento que experienciamos de forma direta. No entanto, também é possível ter empatia com o sofrimento do qual temos conhecimento apenas por inferência.

À medida que investigamos isso por meio de meditação profunda, descobrimos que os sentimentos e pensamentos que experienciamos são eventos mentais, que surgem e se dissolvem, mas não são idênticos a nós, assim como os nossos sapatos ou roupas também não são. Normalmente, nós nos identificamos com esses pensamentos e sentimentos, e é essa identificação que os faz parecer mais importantes do que os estados mentais dos outros.

A essa altura podemos protestar: "Um momento, eu já tenho muitos problemas que são de fato meus. Agora você quer que eu me identifique com uma outra pessoa, ou pior, com muitas outras pessoas?"

É verdade que expandir o círculo de identificação com os outros também aumenta o nosso próprio potencial para um determinado tipo de sofrimento. Uma mãe pode amar tanto seus filhos, que se eles tiverem que enfrentar adversidades, ela sofrerá terrivelmente. Expandir essa identificação a fim de incluir todos os seres, irá aparentemente nos expor a um enorme sofrimento, pois há uma infinita quantidade de seres.

Se nos isolarmos em nossas vidas individuais, dizendo que não iremos nos apaixonar, casar ou formar laços com os outros, porque tudo isso cria mais sofrimento, acabaremos sujeitos a um outro tipo de sofrimento – o sofrimento do isolamento. A diferença é que o isolamento é um sofrimento estéril que não leva a lugar algum, enquanto o sofrimento proveniente da empatia com os outros é um caminho para realizarmos o estado de buda.

Embora a afirmação de que a expansão do nosso círculo de identificação aumenta um determinado tipo de sofrimento possa ser verdadeira, isso não significa, necessariamente, que nossas vidas se tornarão mais difíceis. À medida que a nossa compaixão cresce, o sentimento de identificação com toda a vida aumenta. E conforme a sabedoria se aprofunda, a compreensão mais convencional do sofrimento é transcendida quando alcançamos a alegria sem precedentes do *insight* sobre a natureza da verdade absoluta.

Autocentramento

O oposto da grande compaixão é o autocentramento, um conceito-chave no budismo, que se baseia na premissa de que o próprio bem-estar é mais importante do que o de qualquer outra pessoa. Desde a infância, todos nós temos experienciado o que isso significa: se há algo bom que eu e outra pessoa queremos, eu deveria obtê-lo e não a outra pessoa.

Conforme nos tornamos adultos e a nossa visão de mundo se amplia, desenvolvemos círculos concêntricos de autocentramento. No núcleo está a ideia original de que o meu próprio bem-estar é de suma importância. Em torno disso, o círculo seguinte é:

a minha esposa, os meus filhos, os meus melhores amigos, pessoas cujo interesse próprio eu também valorizo, porque são de vital importância para mim. O próximo círculo é composto de conhecidos, pessoas com quem eu me preocupo apenas superficialmente. Em torno destes está o imenso número de pessoas às quais sou indiferente, e cujo bem-estar não me importa em absoluto. Finalmente, existem as pessoas que a meu ver obstruem o meu próprio bem-estar. Meu autocentramento exige que essas pessoas encontrem muitas dificuldades. A mente autocentrada considera essas pessoas como inimigos: se elas se depararem com o infortúnio, isso é bom; se elas se beneficiarem, isso é ruim.

Podemos viver uma vida inteiramente baseada no autocentramento, e à primeira vista isso parece trabalhar a nosso favor. Se eu quiser um pedaço de bolo, o autocentramento diz que eu deveria pegá-lo. Se empurrar alguém para longe e conseguir o bolo, terei o prazer de comê-lo e a outra pessoa não. Se estiver competindo com os outros no escritório, o autocentramento pode me ajudar a obter o cargo mais elevado, ou conseguir um aumento. Parece que o autocentramento é sempre um aliado, porque me ajuda a conseguir o que quero.

Mas o que será que acontece conosco em um nível mais profundo? O que o autocentramento faz com o nosso bem-estar? Para começar, ele nos coloca em desacordo com o resto do mundo. Se os outros também estiverem baseando suas vidas no autocentramento, entraremos imediatamente em conflito com todos os outros. Isso leva à luta, ao atrito e à desarmonia. Superficialmente, o autocentramento pode parecer uma boa coisa, mas acaba por ser uma grande fonte de sofrimento para os indivíduos e para a sociedade. O autocentramento coloca nações, culturas e religiões umas contra as outras e é uma das principais causas de sofrimento do mundo como um todo.

Uma alternativa para o autocentramento é estimar os outros mais do que nós mesmos. Se considerarmos que o bem-estar de cada pessoa é igual ao de qualquer outra, o bem-estar de todos os outros seres sencientes terá importância incomensuravelmente maior do que o nosso próprio bem-estar individual. Quando esta atitude altruísta combina-se à sabedoria, ela combate os problemas do autocentramento e dos afetos equivocados que podem resultar em situações aflitivas como a codependência. Se quisermos conhecer os efeitos do autocentramento, Śāntideva sugere que olhemos para o sofrimento e para o medo em nossas próprias vidas. Para ver os resultados de estimar os outros, ele continua, olhe para a vida dos Seres Despertos, que corporificam a grande compaixão.

A grande compaixão

A prática de erradicar o autocentramento é bastante similar à prática do cultivo da grande compaixão. Tal como na meditação anterior da bondade amorosa, essa prática começa por nós mesmos, segue para os entes queridos, e depois para a esfera mais ampla dos seres vivos. Mas existe uma diferença significativa entre elas. Na prática anterior da bondade amorosa, trazemos uma outra pessoa à mente como alguém externo a nós, e desejamos que ela seja feliz e se livre do sofrimento. Mas para desenvolvermos a grande compaixão fazemos algo radicalmente diferente. Em vez de olharmos para uma outra pessoa de fora, assumimos a perspectiva delas, como se estivéssemos olhando para fora através dos seus olhos.

Nesta prática, nós trocamos de perspectiva e desenvolvemos a bondade amorosa para com as outras pessoas como se fôssemos elas, tendo plenamente em conta todos os seus atributos humanos. Isso demanda uma certa imaginação, por isso é útil sermos específicos, pensando nos medos e nos desejos reais da pessoa.

Nós assumimos a perspectiva da outra pessoa, gerando bondade amorosa para com ela mesma a partir do seu próprio ponto de vista. Conforme a prática se aprofunda, usamos a mente unificada como uma ferramenta para ver mais profundamente, misturando a geração de bondade amorosa com uma visão mais clara dos próprios medos e desejos da pessoa. E, gradualmente, descobrimos que, mesmo que as expressões do desejo de ser feliz e de evitar a dor dessa pessoa pareçam ser muito diferentes das nossas, na raiz elas são iguais.

Começamos esse processo com as pessoas das quais somos muito próximos, gradualmente mudando para as pessoas às quais somos indiferentes. Por fim, passamos às pessoas por quem sentimos completa aversão. Mas, mesmo neste caso, nós não vemos essas pessoas de fora, desejando que sejam felizes como na meditação da bondade amorosa; em vez disso, tentamos ver a situação delas a partir de sua própria perspectiva. Assumindo o ponto de vista dos outros, podemos começar a perceber que eles também estão tentando ser felizes, assim como todos os outros seres sencientes, embora possam fazê-lo de uma forma muito confusa. Mesmo que o seu comportamento seja extremamente prejudicial, podemos ser capazes de penetrar até as raízes de suas ações tão profundamente, que reconheceremos que seus desejos e anseios mais íntimos são idênticos aos nossos.

Dessa forma, deslocamos o eixo das nossas prioridades e cultivamos um sentimento de estima pelos outros maior do que por nós mesmos. Essa prática se torna mais do que uma meditação; torna-se uma atitude capaz de transformar a nossa vida, que se expressa em ação.

O que podemos fazer para aliviar o sofrimento no mundo? A busca da resposta a essa pergunta pode conduzir à grande compaixão, que se baseia na equanimidade para com todos os seres vivos. Isso é mais do que desejar "Que você possa se livrar do sofrimento"; é assumir a tarefa de aliviar o sofrimento dos outros, e de conduzir os outros a um estado de bem-estar.

Ao gerar a grande compaixão, devemos nos lembrar de que o "eu" que leva isso a cabo está além do âmbito da personalidade; caso contrário, esse caminho poderia evoluir para uma espécie de delírio altruísta. Para evitar isso, precisamos nos aprofundar na natureza do nosso próprio ser, na natureza de buda. Podemos olhar para essa tarefa e nos perguntar: "Como podemos ter a esperança de aliviar o sofrimento de todos os seres sencientes se não somos capazes de lidar nem mesmo com o nosso próprio sofrimento?"

A resposta para isso é que as nossas limitações não são imutáveis, e portanto podem ser superadas. Para manifestar a grande compaixão no mundo, podemos decidir que traremos benefício aos outros sendo médico ou político, até mesmo presidente, mas o essencial é tornar-se um buda.

Precisamos nos tornar budas, seres despertos, e então poderemos nos tornar um buda médico, um buda professor do *Dharma*, ou um buda agricultor – o que desejarmos. Essa é a única maneira de alcançarmos a eficácia máxima.

14

Transformando a adversidade em caminho espiritual

Bodhicitta

O espírito do despertar, ou *bodhicitta*, surge de um interesse compassivo por todos os seres, que se expressa pela aspiração de trazer o maior benefício possível por meio da realização do despertar espiritual completo de um buda. Quando essa motivação surge sem esforço e espontaneamente, a partir da grande compaixão, e quando estimamos os outros mais do que nós próprios de forma natural, tornamo-nos *bodhisattvas*. É nesse momento que nós realmente entramos no caminho *Mahāyāna*.

À medida que exploramos o caminho budista, fica evidente que todas as teorias e práticas podem ser entendidas como preparação para a *bodhicitta*, como cultivo efetivo da *bodhicitta*, ou como resultados da *bodhicitta*. Portanto, a *bodhicitta* é de fato o coração dos ensinamentos do Buda.

Ao nos dedicarmos a essas práticas budistas, podemos dizer que, em certo sentido, todas elas exigem esforço. Todas têm a intenção de alinhar a atividade mental consciente, o comportamento consciente, com aquilo que naturalmente fluiria se a nossa natureza de buda estivesse desobstruída e desvendada. Atingimos esse estado por meio da prática; gradualmente, alinhamos o nosso estado mental consciente com a natureza búdica. E quando esse alinhamento se dá, a bondade amorosa surge espontaneamente, sem demandar qualquer esforço da mente consciente.

A natureza búdica é despertada através da grande compaixão, que rompe as barreiras de separação entre os seres sencientes, e dissolve qualquer sentimento de superioridade que possamos ter com relação aos outros. Alguns de nós podem ser mais inteligentes ou mais atraentes do que outros, outros nem tanto, mas por debaixo de todas essas diferenças, somos fundamentalmente semelhantes, pois estamos todos enraizados na natureza búdica.

A partir desse profundo sentimento de identidade com os outros seres sencientes, o próximo passo parece natural: assumirmos o compromisso de libertá-los do sofrimento.

Quando transcendemos o esforço e a grande compaixão começa a surgir espontaneamente, a própria natureza de buda torna-se espontaneamente evidente de forma muito rápida. Quando a *bodhicitta* surge sem esforço, nos tornamos um *bodhisattva* – atingimos um fac-símile da iluminação completa, do estado búdico.

Os atributos do estado búdico foram mencionados anteriormente: compaixão ilimitada, sabedoria, poder, ação sem esforço de absoluta espontaneidade. E esta ação sem esforço é sempre direcionada ao benefício de todos os seres sencientes. Um *bodhisattva* é um fac-símile vivo do estado búdico; ainda não é um buda, mas exibe muitos dos atributos de um Buda.

As vidas que vivemos

As ideias discutidas acima podem parecer absolutamente utópicas para muitos de nós. Gostaríamos de ser *bodhisattvas*, mas em vez disso, somos consumidos pelas aflições e decepções que a vida muitas vezes nos traz. Por essa razão, é importante aprendermos a transformar os vales e picos da vida em crescimento espiritual. Quase todo o material que se segue é baseado em um texto de um grande Lama Nyingma chamado Terceiro Dodrupchen, que faleceu em 1926. Ele era um grande mestre Dzogchen, com uma visão profunda sobre a natureza da consciência primordial.

O próprio Dodrupchen deu a esse texto o nome *Transforming Felicity and Adversity into the Spiritual Path*[24] (*Transformando felicidade e adversidade em caminho espiritual*). Dodrupchen inicia o ensinamento em um terreno familiar: a propensão humana de enfatizar as negatividades de nossas vidas. Ao revermos os acontecimentos de um dia, muitos de nós tendemos a lembrar vividamente apenas das coisas desagradáveis, dos infortúnios. Depois de um breve encontro com alguém, podemos passar horas nos recordando de cada circunstância desconfortável, de cada desconsideração que vivenciamos nesse encontro.

Quanto mais ignorarmos o poder de nossas próprias atitudes e culparmos fatores externos pelo nosso sofrimento e insatisfação, mais o mundo nos parecerá hostil. Tornamo-nos paranoicos, nossa mente adoece. Além disso, quanto mais nos sentirmos consumidos por essas atitudes negativas, mais atrairemos circunstâncias negativas para nós, diz Dodrupchen.

Muitas dessas atitudes parecem dizer respeito a outras pessoas, àquilo que consideramos ser seus defeitos. Isso acontece todos os dias: alguém faz algo que de alguma forma nos desagrada,e então, tornamo-nos obcecados com as falhas dessa pessoa. Essa obsessão é uma

---

24 Esse texto foi traduzido para o idioma inglês com comentários por Gyatrul Rinpoche no livro *Meditation, Transformation and Dream Yoga*. Ithaca: Snow Lion Publications, 1993 e 2002.

espécie perversa de meditação, uma forma de foco unidirecional, mas que não traz nenhum benefício a ninguém. Esses padrões de ocupar a mente com as falhas de outras pessoas, e de falar sobre as falhas dos outros, só nos prejudica – trazem sofrimento e desarmonia interna, e criam conflitos nas relações com todos ao nosso redor.

Em vez disso, podemos mudar radicalmente a atitude com respeito aos acontecimentos em nossas vidas – problemas, sofrimentos, irritações – que sempre consideramos ser adversidades. Podemos simplesmente dar um giro de 180 graus em nossa atitude e não mais considerá-los essencialmente prejudiciais ou indesejáveis.

Transformação

Transformar a nossa atitude em relação à adversidade é um tema rico e poderoso, a chave para o restante deste capítulo. Inicialmente, podemos nos preparar por meio da contemplação, antes que a adversidade surja. Ao compreendermos que a adversidade pode trazer transformação espiritual, podemos desenvolver coragem e entusiasmo, uma sensação de quase ansiar pela adversidade. Isso às vezes é chamado de "atitude do guerreiro", referindo-se a uma pessoa que está bem preparada, bem armada, e que gosta de um bom desafio. Mas essa batalha não é travada contra uma outra pessoa, nem em uma situação física, mas em vez disso, é uma questão de transformar uma condição de vida difícil em algo espiritualmente benéfico.

O primeiro passo para uma melhor compreensão é perceber que quase todas as vezes que expressamos irritação ou hostilidade, estamos manifestando ignorância. Quando nos deparamos com algo que perturba a mente, podemos nos lembrar dessa maravilhosa máxima de Śāntideva: "Se o problema pode ser resolvido, por que se preocupar com ele? Se o problema não pode ser resolvido, para que se preocupar com ele?"[25]

---

25 *Bodhicaryāvatāra*, cap. 6, vs. 10.

O ponto essencial é transformar o infortúnio em caminho espiritual, e sentirmos a satisfação de fazer isso. Podemos desenvolver uma série de habilidades e ferramentas há muito estabelecidas, que irão nos ajudar nessa tarefa.

A renúncia é a primeira ferramenta. Quando surgir alguma adversidade em nossas vidas, ou quando ocorrer algum sofrimento, esse é um bom momento para observarmos atentamente as nossas reações a esses acontecimentos e sondarmos as raízes dessas reações. Se perguntarmos qual é a fonte desse sofrimento, poderemos descobrir que há apego, e decidir que apego não vale a pena. Podemos desenvolver um forte senso de renúncia, de diminuir o apego aos assuntos externos desta vida tão breve – ganhos e perdas, boa e má reputação – e substituí-los por prioridades mais significativas.

Tomar refúgio é outra ferramenta poderosa para transformar a adversidade. Em momentos de insegurança, quando precisamos de orientação ou estamos sentindo um grande pesar, tomar refúgio nas Três Joias – Buda, *Dharma* e *Saṅga* – pode ser muito poderoso. Isso pode aprofundar consideravelmente a nossa prática.

Aqui está um exemplo do poder do refúgio. O Professor Ku-ngo Barshi, que me deu instruções sobre o ensinamento *The Seven-point Mind Training* (*O treinamento da mente em sete etapas*)[26], de Chekawa, era um leigo, o único professor leigo que tive durante meus quatorze anos como monge. Ele era muito benevolente, um bom homem. Ele era também um excelente erudito, um professor de poesia e gramática tibetana, e ele foi, provavelmente, o melhor professor de medicina tibetana do seu tempo. Além disso, era um grande conhecedor da teoria e da prática budista.

---

26 Esse treinamento é tema do meu livro *A Passage from Solitude*. Ithaca: Snow Lion Publications, 1992. • É tema também dos livros de B. Alan Wallace: *Budismo com atitude* (Rio de Janeiro: Nova Era, 2007) e *The Seven-Point Mind Training* (Ithaca: Snow Lion Publications, 1992), até o momento, sem tradução para o português [N.T.].

No Tibete, Ku-ngo Barshi era um aristocrata rico, possuía terras e uma família numerosa. Mas durante a invasão do Tibete pela China, ele sofreu muito, sua terra foi tomada, e muitos de seus familiares foram executados ou escravizados. Forçado a fugir para salvar sua vida, ele chegou à Índia como um mendigo.

Quando eu o conheci, ele era um homem velho e vivia em um pequeno barraco. Trabalhava em tempo integral, pelo equivalente a cerca de trinta dólares por mês, ensinando medicina tibetana. Certa vez, ele me disse que, quando estava no Tibete, ele mantinha uma certa prática espiritual, mas de uma maneira bastante descuidada. Era fácil progredir no Tibete naquela época; a vida era confortável, permeada pelo *Dharma* e havia muitos praticantes espirituais por perto.

Foi somente quando sua vida se tornou difícil, ele disse, que sua prática tornou-se verdadeiramente rica. Ele havia perdido todos os suportes físicos nos quais havia se apoiado no início de sua vida – riqueza, posição, família – e agora ele tinha apenas três joias nas quais tomar refúgio. O efeito? Eu sei como ele parecia ser para mim: extremamente tranquilo, muito calmo, com um bom humor suave que parecia saturá-lo por completo. Ele realmente se refugiou no *Dharma*, e sua presença espiritual se tornou bastante profunda.

Através da tomada de refúgio cultivamos a humildade e removemos a arrogância, que é um enorme obstáculo à prática espiritual. É difícil ser arrogante quando se está terrivelmente doente e sentindo muita dor, ou quando se está falido ou se perde um ser amado. Esses são os momentos para tomarmos refúgio verdadeiramente.

Refúgio e renúncia, para voltar à analogia do guerreiro, são as duas armas para transformar a adversidade em fontes de satisfação. Existem muitos recursos como esses, e quanto mais recursos desenvolvemos, mais hábeis nos tornamos em lidar com as adversidades da vida, abraçando-as e transformando-as.

Transformar a adversidade é uma área do *Dharma*, onde a prática espiritual realmente transforma o dia a dia. Podemos começar modestamente, aceitando alguns eventos e transformando pequenas adversidades. Podemos começar, por exemplo, com um colega de trabalho que está infeliz, descontente e que tem uma tendência a ser insensível. Em vez de reagirmos a essa pessoa, deixando que suas qualidades consumam a nossa mente, podemos optar por responder de uma maneira que não nos torne infelizes também.

A outra opção, simplesmente não é saudável. Responder às adversidades da vida com aflições mentais como ansiedade, ressentimento e raiva produz doença. Essas reações são desequilíbrios da mente, e pelo fato de a mente estar intimamente relacionada com o corpo, todas essas reações são fisicamente prejudiciais. Se estivermos em boas condições de saúde elas nos farão adoecer, e se já estivermos doentes agravarão ainda mais o nosso estado.

Onde está a felicidade?

Essa afirmação sucinta Dodrupchen é um elemento crucial da prática de transformar a adversidade em crescimento espiritual: "A mente é a fonte completa da nossa felicidade".

Poucos de nós vivem como se isso fosse verdade, embora de fato seja. Há um ingrediente essencial da felicidade que não é encontrado no estímulo que leva à experiência e nem naquilo que experienciamos, mas sim em quem vivencia a experiência. Esse ingrediente é a mente. O prazer aparentemente encontrado em um evento, na verdade reflete as qualidades únicas da mente da pessoa que o vivencia, e não alguma qualidade intrínseca do objeto da experiência. Todas as coisas externas que fazemos podem catalisar a felicidade que buscamos, mas a felicidade surge de fato das nossas próprias mentes.

Potenciais armadilhas

Pode parecer surpreendente, mas transformar a felicidade em caminho pode ser uma questão muito mais difícil do que transformar a adversidade; há potencialmente mais armadilhas. Por exemplo, se estivermos nos sentindo ótimos e se tudo estiver caminhando muito bem, é possível que nos tornemos complacentes e nos perguntemos: "Quem precisa do *Dharma*?" Padampa Sangye, um grande contemplativo budista indiano que ensinou no Tibete há cerca de um milênio, abordou esse mesmo tema. Ele disse: "As pessoas são capazes de lidar com muita adversidade, mas com apenas um pouco de felicidade".

Outro perigo da felicidade é a preguiça. Não a preguiça no sentido usual de pouca energia, mas sob a forma de uma apatia espiritual que se manifesta quando nos dedicamos a atividades sem sentido, ainda que sejam árduas. Essa forma de preguiça reside na incapacidade de escolhermos atividades nas quais vale a pena investir energia.

Como transformar então nossas atitudes para que não nos encantemos com a boa sorte e nos tornemos complacentes ou preguiçosos? Aqui estão dois temas discutidos por Dodrupchen.

O primeiro é a meditação sobre a impermanência. A ideia não é transformar a felicidade em adversidade. Em vez disso, o objetivo é compreender profundamente a flutuação, a natureza transitória de todos os fenômenos dos quais estamos desfrutando. Como resultado, o prazer decorrente da felicidade ainda surgirá, mas não nos intoxicaremos com ele. Permaneceremos claramente conscientes de que tudo aquilo que possuímos inevitavelmente se desgastará e precisará ser descartado, e até mesmo as nossas relações humanas, por mais preciosas que possam parecer, se modificarão e acabarão desaparecendo.

O segundo tema é a meditação sobre o contentamento. Este pode fazer parte da meditação da bondade amorosa, inicialmente direcionada a nós mesmos. Em seguida, podemos contemplar aquilo que buscamos, de forma mais profunda, e passar então a refletir sobre o que realmente precisamos e sobre aquilo que já temos. Meditando dessa maneira sobre tudo aquilo que desejamos, acabaremos descobrindo que temos mais em nossas vidas do que pensávamos.

Como Dodrupchen diz, a razão pela qual o contentamento é tão importante é que a falta dele pode bloquear a nossa prática espiritual. O descontentamento pode nos tornar tão inquietos, que não teremos vontade de praticar o *Dharma*, enquanto a felicidade em demasia pode nos desviar tão completamente que nunca encontraremos tempo ou vontade para praticar.

Se aprendermos a transformar a adversidade em crescimento espiritual, bem como transformar a felicidade em prática, aprenderemos gradualmente a dar continuidade à prática, sem nos importarmos com as circunstâncias.

A natureza da adversidade

Agora que temos algumas ideias sobre como transformar a adversidade em caminho, podemos avaliar mais profundamente a verdadeira natureza da adversidade. Se um evento surgir subitamente e resultar em infelicidade, a maioria das pessoas o chamaria de adversidade. Mas e se descobrirmos que, em razão dessa "adversidade" e subsequente sofrimento, nossa prática espiritual foi de alguma forma reforçada, com uma clara relação de causalidade? Ainda seria uma adversidade? A maioria das pessoas automaticamente assume que há algo inerentemente infeliz na adversidade, e que todos são obviamente capazes de identificar a adversidade. Sentimos que a adversidade se autodefine e que somos apenas destinatários involuntários.

No entanto, os ensinamentos budistas dizem que a adversidade é algo completamente diferente. Ao invés de ser uma condição puramente objetiva, ela está relacionada ao sujeito, ao observador.

Conforme o ideal de *bodhicitta* e o papel da prática espiritual assumem um papel mais central para nós, esses ensinamentos começam a ganhar vida. Por outro lado, enquanto ainda acreditarmos que o nosso bem-estar depende de circunstâncias externas, a ideia de que a adversidade não se autodefine pode não ser muito relevante. Se acreditarmos que adversidade é determinada unicamente pelos objetos, então de certa forma assim será, porque teremos abandonado a nossa própria capacidade de influenciar os eventos.

À medida que começamos a mudar a nossa forma de pensar, torna-se óbvio que identificar algo como adversidade ou não depende de nós. À medida que desenvolvemos mais e mais recursos para transformar os eventos, paramos de defini-los como felicidade ou adversidade. Em vez disso, tornam-se simplesmente eventos, e há uma possibilidade muito menor de que venham a constituir obstáculos ao caminho espiritual.

Agora daremos mais um passo adiante. É possível cultivar a atitude de considerar a circunstância presente como sendo ideal para o nosso bem-estar e para a prática espiritual, não importando qual seja? Esta atitude tem uma utilidade muito prática, conforme avançamos no *Dharma*. Ela exige uma compreensão profunda de que cada evento, da forma como ocorre, a cada momento, é um poderoso estímulo para alguma faceta do nosso desenvolvimento espiritual. Cada momento é perfeito para a prática e pode nos fornecer uma oportunidade para cultivar a inteligência, a compaixão, a estabilidade, a equanimidade, a renúncia ou a paciência. Psicologicamente, essa é uma postura totalmente otimista frente à vida na medida em que exercita a nossa energia, inteligência e entusiasmo para transformar nossas vidas de uma forma plenamente virtuosa. Espiritualmente, essa atitude pode ser extremamente útil para acessarmos o poder transformador da nossa natureza búdica.

15

Vacuidade e realização

A sabedoria de realizar que todos os fenômenos são vazios de existência inerente é um tema central de muitos ensinamentos *Mahāyāna*. Isso pode talvez ser melhor simbolizado por um *mudrā*, ou gesto, que está entre os *mudrās* mais comuns em todo o budismo. É o *mudrā* usado na meditação – palma da mão esquerda para cima sob a mão direita, com os polegares se tocando. A mão esquerda representa a sabedoria, a realização da vacuidade, enquanto a mão direita simboliza a compaixão. A mensagem desse *mudrā* é de que a sabedoria fornece a base para a compaixão; esta última não pode florescer sem a primeira. Assim como essas duas qualidades mentais, as mãos não apenas repousam uma sobre a outra de forma passiva, mas devem estar integradas. Elas se unem onde os polegares se tocam, representando a integração única de sabedoria e compaixão.

Para muitas pessoas no Ocidente, a prática budista realmente começa com o cultivo do entendimento sobre a vacuidade. Isso tem sido enfatizado nos ensinamentos de Sua Santidade o Dalai-Lama, salientando que, para muitas pessoas, os ensinamentos sobre a vacuidade podem ser a melhor maneira para obter confiança em toda a gama de ensinamentos budistas. Isso porque a vacuidade pode ser investigada com a inteligência, sem precisar recorrer a qualquer salto de fé. Conforme se começa a compreender a vacuidade, é possível que também surja a fé. E a partir da fé, pode-se então cultivar outras qualidades com mais facilidade, incluindo a compaixão, a devoção e a bondade amorosa.

A real localização do mundo percebido

Para abordar uma compreensão da ausência de existência inerente dos fenômenos, vamos começar com a seguinte pergunta: Onde os objetos que compõem o nosso mundo experiencial realmente existem? Como ponto de partida, vamos considerar um objeto com o qual estamos nos tornando muito familiarizados – este livro. Creio que todos os leitores concordariam que as páginas deste livro são brancas. Mas o que é este "branco"? Essencialmente, o que precisamos enfatizar é que o branco do livro que percebemos depende da nossa própria percepção.

Não é preciso discorrer longamente sobre as funções da retina, do nervo óptico e do cérebro. O essencial a ser compreendido é que qualquer percepção visual é um resultado de interações complexas entre o objeto que está sendo visto e as faculdades sensoriais. A visão é um evento emergente, não uma pequena janela através da qual as imagens e cores são transmitidas para um receptor passivo.

Se fôssemos uma abelha, por exemplo, a percepção desta página seria muito diferente do que é para um ser humano. Da mesma forma, pareceria bastante diferente para um morcego, uma coruja, ou uma cobra. Cada uma dessas criaturas tem faculdades visuais distintas que condicionam a percepção visual da página.

Mesmo entre os leitores deste livro há sutis diferenças na forma como veem uma página. Nossos olhos podem variar, alguns podem ter astigmatismo que distorce a visão, ou outros distúrbios visuais que alteram a imagem de maneiras diversas. Podemos iluminar o livro de várias maneiras, ou posicioná-lo em diferentes ângulos; para cada um de nós um fluxo particular de imagem visual sofre constantes mudanças dentro do nosso campo de visão.

Neste instante, há um campo visual à frente de cada um de nós, que poderia ser descrito de forma simples como um espaço oval que contém este livro e outros objetos que estejam em torno dele. O que cada leitor vê durante a leitura deste livro é único, e dependente da faculdade visual, com todas as suas particularidades.

A nossa percepção visual não existe na nossa ausência. Se não houver nenhuma faculdade visual, a percepção e o objeto visual percebido não existem.

Isto levanta uma questão interessante. Quando estamos olhando para um homem chamado Scott, que está a dois metros e meio de distância e vestindo um casaco marrom, onde está o casaco marrom que vemos? Nossa resposta imediata seria que está a dois metros e meio de distância, mas a verdade é que os atributos percebidos do casaco, tais como a cor, existem apenas em relação às nossas faculdades sensoriais. Se o casaco, com todas as suas qualidades percebidas, existisse verdadeiramente a dois metros e meio de distância, isso implicaria que os nossos sentidos são de alguma forma capazes de projetar esses atributos através de dois metros e meio de espaço vazio.

Vamos tomar outro exemplo. Se sairmos em uma noite clara e olharmos para o céu, veremos estrelas a centenas de anos-luz de distância. Lançamos o nosso olhar e vemos um pequeno ponto branco, mas a estrela tal qual percebemos surge na dependência das faculdades visuais que estamos utilizando para ver. A estrela percebida não existiria sem que houvesse alguém para vê-la. A estrela que percebemos está lá fora, a muitos anos-luz de distância, ou está em algum outro lugar? A ideia de que está lá fora é obviamente absurda, pois isso implicaria que os nossos olhos são capazes de condicionar algo que está a centenas de anos-luz de distância.

Para tornar a ideia ainda mais absurda, lembre-se que, de qualquer forma, a estrela não está lá onde a vemos. A estrela se moveu desde o momento em que a sua luz começou a viajar pelo espaço há centenas de anos, e pode ser que no lugar onde vemos a estrela não exista absolutamente nada.

Se objetos percebidos não estão lá fora, em algum lugar à nossa frente, onde eles estão? Buscar por eles dentro do nosso corpo é igualmente inútil. Não há dúvida de que o ato de ver requer uma série complexa de eventos neurofisiológicos, mas isso não significa que esses objetos percebidos estejam em algum lugar dentro das nossas cabeças.

Ao vermos uma rosa vermelha, áreas específicas do cérebro precisam ser ativadas para que essa percepção possa acontecer, mas isso não implica que a rosa percebida está de fato no cérebro. Mesmo que tivéssemos um microscópio maravilhoso com o qual pudéssemos observar o cérebro de uma pessoa que está vendo uma rosa, jamais encontraríamos uma rosa vermelha microscópica em algum lugar. O mesmo se dá com respeito aos outros sentidos: do olfato, paladar, tato, e assim por diante.

Da mesma forma, também temos a impressão de que o som está lá fora em algum lugar, mas isso também não resiste a um exame minucioso. Podemos dizer que o som do estalar de dedos é produzido pelos dedos, mas o som está realmente nos dedos? A base física do som consiste em oscilações no ar, viajando a cerca de mil e duzentos quilômetros por hora; mas se não houver ouvidos por perto, não há som percebido para ser ouvido. As oscilações podem atravessar paredes ou destruir edifícios, mas sem esse ingrediente essencial – a faculdade auditiva para senti-las – essas oscilações não são percebidas como som, mas apenas como oscilações. A experiência de audição é um evento dependentemente relacionado, produzida, em parte, por nossas faculdades auditivas.

Em todas as experiências sensoriais, nossas faculdades sensoriais contribuem de alguma maneira. Quando vamos a um concerto e ouvimos músicas maravilhosas, a experiência que temos da música está intimamente relacionada com a nossa própria audição. Quando olhamos para uma pintura, o mesmo é verdadeiro com respeito à visão. Todas as experiências sensoriais são eventos dependentemente relacionados, que envolvem os eventos físicos externos e a sua interação com as nossas próprias faculdades sensoriais.

Nós geralmente não agimos como se as experiências fossem realmente eventos dependentemente relacionados. Na maioria das vezes, tratamos os fenômenos sensoriais como se eles fossem exatamente o que parecem ser. Ouvimos sons e dizemos: "Que lugar barulhento!", sem nunca considerar o papel que o ouvinte poderia desempenhar. Esse processo é chamado de *reificação*, em que imaginamos uma substancialidade, ou tangibilidade, que na verdade não existe. Através da reificação, ignoramos as contribuições subjetivas a um evento, vendo-o inteiramente como uma entidade objetiva.

Na visão *Mādhyamaka*, ou visão centrista do budismo *Mahāyāna*, a reificação é errônea, porque a forma como as coisas aparecem não é a forma como elas existem. Isso é, em essência, o que se entende pela afirmação *Mahāyāna* de que o mundo fenomênico é semelhante ao sonho. Todos os objetos percebidos são condicionados pelas faculdades sensoriais e pela mente.

O estado de sonho que experimentamos durante o sono é semelhante. Em um sonho, parece que estamos vivendo em um ambiente, parece que temos um corpo, emoções e todos os tipos de experiências sensoriais. Em um sonho, o nosso corpo e todas as suas experiências são fenômenos inteiramente mentais, mas durante o tempo em que estamos sonhando, não nos damos conta disso. Nós reificamos a experiência, como se fosse uma realidade puramente objetiva.

O que está realmente ali?

Tendo determinado que a realidade que percebemos depende de nossas faculdades sensoriais, então o que realmente existe no mundo externo, independente dos nossos sentidos? Quando fecharmos este livro, sairmos do quarto e fecharmos a porta, o que restará? Essa é uma questão antiga, que tem sido feita desde o tempo dos gregos. O que existe por trás das aparências? O que realmente existe lá fora?

Isso traz à tona um problema familiar: O que acontece quando uma árvore cai e não há ninguém na floresta vendo ou ouvindo? A maioria das pessoas concorda que algo aconteceu; o tronco da árvore está no chão, há uma grande rachadura, as coisas começam a apodrecer, e formigas e cupins passam a viver no tronco caído. Mas o que aconteceu?

Os cientistas ocidentais, tradicionalmente, têm respondido a essa questão, tentando encontrar qualidades primárias, ou intrínsecas, da árvore caída que possam ser medidas. Massa é uma delas, e a ideia é de que a árvore tem matéria quantificável. A velocidade é outra qualidade que parece não depender da percepção de ninguém.

Refletir brevemente sobre a história do pensamento científico ocidental quanto a esse ponto pode ser uma digressão útil, que pode nos ajudar a entender melhor a natureza da vacuidade. Além disso, ao examinarmos os pressupostos culturais sobre a natureza da realidade, podemos entender melhor e penetrar esses pressupostos, e ao fazê-lo, podemos vir a apreciar a visão budista.

Desde que Galileu direcionou seu telescópio a Júpiter, o pensamento científico tem dependido cada vez mais do poder dos instrumentos mecânicos. Ficamos com a sensação – e isso é amplamente promovido pela ciência – de que, ao utilizarmos instrumentos mecânicos e matemática, deixamos de ser subjetivos e nos tornarmos objetivos.

Todos sabem que os sentidos podem ser enganosos, e portanto, poderíamos nos livrar deles. Na verdade, eles nos oferecem apenas aparências, e nós estamos tentando penetrá-las. A ideia da mensuração objetiva foi fortemente enfatizada nos tempos de Galileu; no final do século XIX, os cientistas sentiam que a ciência objetiva da física era praticamente completa. A física daquele tempo foi assumida, com raras exceções, como sendo uma representação absoluta do que estava realmente lá fora.

No início do século XX, essa visão começou a ruir. Os cientistas começaram a entender mais claramente que os seus instrumentos de medição contribuíam com os dados que eram coletados. Mas a verdadeira revolução veio com o desenvolvimento da física quântica, que investiga os componentes mais diminutos da realidade física. É aqui que o caráter participativo da medição e da experimentação torna-se mais evidente.

Na mecânica quântica, os atributos de massa, velocidade, forma e localização deixam de ser entidades puramente objetivas. Todas elas só podem ser determinadas em relação aos métodos de medição. Como o renomado físico Werner Heisenberg disse: "O que observamos não é por si só a natureza, mas a natureza exposta ao nosso método de questionamento"[27].

---

27 HEISENBERG, W. *Physics and Philosophy:* The Revolution in Modern Science. Nova York: Harper and Row, 1982, p. 58.

Quando os cientistas investigaram ainda mais profundamente, começaram também a questionar a objetividade das ferramentas analíticas que utilizavam. A matemática, por exemplo, é mais uma criação humana. A geometria euclidiana é apenas uma de um número teoricamente infinito de geometrias que podem ser usadas, e o mesmo é válido para a álgebra e para os vários sistemas lógicos.

O elemento subjetivo parece ser inevitável em todas as frentes. Em nenhuma faceta da ciência, quer estejamos lidando com a astronomia, com a física, ou com a medicina, obteremos informação sobre qualquer realidade que exista independentemente dos nossos modos de investigação.

Toda a nossa experiência sensorial consiste de aparências que dependem das faculdades sensoriais. Mesmo quando reduzimos tudo ao nível subatômico de elétrons, quarks, e assim por diante, ainda assim não nos resta nada além de aparências. O que é inegável é que tudo o que conhecemos do mundo, teórica e empiricamente, consiste de aparências para a mente. Não temos acesso a mais nada.

Compreendendo isto, o conceito de reificação se torna universalmente aplicável. Da mesma maneira como olhamos para o mundo lá fora, e vemos objetos percebidos como se eles existissem inerentemente no espaço objetivo, também vemos coisas como elétrons e ondas sonoras como se existissem independentemente das concepções que temos delas. Os objetos percebidos existem em relação às percepções que temos deles, e os objetos concebidos existem em relação às estruturas conceituais dentro das quais eles são compreendidos. Reificamos um objeto quando o removemos de seu contexto, ignorando as influências subjetivas da percepção e da concepção.

Mente

A esta altura, podemos tirar a conclusão de que, uma vez que todos os fenômenos conhecidos são dependentes da mente, só a mente é inerentemente real. Então, o que é a mente? Ao investigarmos essa questão, nos damos conta de que começamos a reificar a mente, assim como reificamos todo o resto.

Para ultrapassarmos essa reificação, vamos considerar um momento de consciência dentro de um *continuum* de consciência. O passado desse momento desapareceu, e o seu futuro ainda não chegou. Mas quando tentamos isolar conceitualmente o presente desse momento, vemos o mesmo *continuum* de tempo novamente. O momento que pensávamos estar no presente também tem um começo e um fim.

À medida que continuamos esse processo, procurando o presente entre o começo e o fim, o instante presente de consciência torna-se infinitamente imediato. Qualquer evento mental torna-se impossível de ser encontrado. A mente acaba por ser, em última análise, impossível de ser encontrada. Não está no passado, não está no futuro, e não é verdadeiramente existente no presente. Se a submetermos a esse processo de "análise final" ela simplesmente desaparece.

Também descobrimos que a mente não tem nenhuma localização. Não conseguimos encontrar nenhuma razão convincente para determinar que a mente esteja em nossas cabeças, ou em qualquer outro lugar. A consciência em si não tem forma, cor, tamanho, e nem localização no tempo e no espaço.

Vamos analisar um momento de consciência: o evento mental de perceber que uma camisa é azul. Ao investigarmos esse evento de maneira mais profunda, não encontramos evidências de que essa percepção exista independentemente do "azul" da camisa. O evento mental de perceber uma camisa azul não poderia existir sem uma camisa; o evento não é autoexistente. Como o azul percebido de uma camisa é um evento dependentemente relacionado, dependente da faculdade visual do observador, então, a percepção visual e a consciência mental do azul também são dependentes do azul.

Assim, até mesmo a mente acaba por não ser mais substancial e nem mais intrínseca do que qualquer fenômeno físico. Ela é dependente de fatores ao seu redor no tempo e no espaço, assim como os fenômenos físicos também são, e da mesma forma, não tem natureza inerente.

Essa ausência de uma identidade inerente, ou de um "eu", é conhecida como vacuidade. Todos os fenômenos são vazios porque não têm uma natureza intrínseca que exista em si ou por si. Os fenômenos físicos, a mente, o eu – todos são vazios, todos são eventos dependentemente relacionados.

Do ponto de vista budista, a vacuidade é muito mais do que apenas uma ideia interessante, uma entre tantas outras. O Buda e os maiores sábios e contemplativos budistas têm sondado a natureza do sofrimento, especialmente das aflições mentais da ignorância, ódio e desejo. Eles afirmam que todas essas decorrem da reificação de nós mesmos e dos outros fenômenos.

A reificação é a raiz de todos os nossos males, que separa a nossa noção de "eu" de todo o resto. Depois que essa separação se estabelece, o próximo passo é o apego ao "meu" lado, ao que eu erroneamente acredito ser inerentemente "meu". A partir disso, brota a hostilidade dirigida a tudo o que pareça estar em conflito com o "meu" lado, comigo e com o que acho que é meu. Essa ignorância raiz dá origem à confusão, ao apego, à hostilidade, e a todas as outras aflições mentais, tais como ciúme, vaidade, arrogância e egoísmo. O antídoto, então, é realizar a vacuidade de todos os fenômenos, e reconhecer sua natureza como eventos interdependentes.

A meditação sobre a vacuidade

O texto *Seven-Point Mind Training* do tibetano contemplativo Geshe Chekawa apresenta uma meditação muito simples e direta sobre a vacuidade.

Começamos a prática refletindo sobre a natureza da vacuidade. Com a motivação de transformar profundamente a nossa experiência da realidade, reconhecemos que tudo o que vivenciamos, sensorialmente ou de qualquer outra forma, é apenas uma série de aparências mentais. Nenhuma delas, nem mesmo a mente, existe em si e por si, mas trata-se apenas de uma matriz de eventos dependentemente relacionados.

Olhamos para a sala em torno de nós e compreendemos que o que vemos não existe independentemente lá fora. Em seguida, trazemos pessoas à mente, todas as pessoas que conhecemos, compreendendo que cada pessoa também é apenas uma aparência mental. Com base nessa compreensão, começamos a reconhecer que nós mesmos somos apenas aparências mentais. Nossos corpos, nossos rostos, nossas personalidades, todos são aparências da mente, sem existência intrínseca.

Então, Chekawa nos sugere: apenas relaxe. Chegue a essa clareza e depois relaxe, sem fixação, sem reificação, nada mais. Quando abrimos mão do apego, chegamos a uma profunda convicção de que todas as coisas são vazias de existência intrínseca. Em seguida, relaxamos a mente em um estado de clareza, sem agitação, sem fixação, sem lassidão, e permanecemos nessa realização da vacuidade. Se um pensamento surgir, direcionamos a consciência à própria consciência, e apenas repousamos.

O objetivo dessa prática é alterar a nossa experiência da realidade, para que sejamos capazes de combater a ignorância que está na raiz de todas as formas de delusão, hostilidade e apego.

Depois de encerrarmos essa meditação, tentamos manter essa qualidade de ver todas as coisas como vazias de existência intrínseca. Quando vamos preparar o almoço, por exemplo, trazemos a essa atividade a consciência de que a nossa experiência do mundo é semelhante ao sonho. Pode parecer que ela existe inteiramente lá fora, mas a verdade é que nós participamos dessa realidade, ajudamos a criá-la. Tentamos manter esse entendimento vivo durante todo o dia, o quanto for possível.

Em resumo, existem duas verdades, a verdade absoluta do vazio e a verdade relativa da realidade convencional. Por um lado, considera-se que a vacuidade seja a ausência absoluta de qualquer natureza intrínseca em qualquer fenômeno. Essa vacuidade é a natureza última de todas as coisas. Por outro lado, os fenômenos também compõem uma realidade convencional, a verdade cotidiana de aparências com as quais vivemos. As duas verdades – absoluta e convencional – têm uma mesma natureza. Compreender a não dualidade dessas duas verdades é uma característica central da culminância do caminho budista e da realização da busca espiritual.

16

Tantra: o veículo de diamante

Os primeiros capítulos deste livro enfocaram o caminho individual, com base nos ensinamentos fundamentais do Buda. A ênfase eram as distorções mentais e o comportamento não virtuoso, como estes estão enraizados na ignorância, e como a ignorância cria sofrimento e infelicidade. Em termos de prática, a ênfase era neutralizar essas tendências baseadas na ignorância.

Quando avançamos para o *Mahāyāna*, a ênfase passou a ser o cultivo de qualidades virtuosas como forma de nos alinharmos com a nossa própria natureza búdica. Essas qualidades incluem a bondade amorosa, a mente estabilizada, *bodhicitta* e o cultivo da sabedoria. Todos os temas citados acima estão incluídos no que é chamado de veículo causal, um termo derivado da ideia de que todos são causas para se alcançar a iluminação.

Aprisionados na identificação com o "eu"

No caminho causal está implícito o sentido comum de "eu". Mas à medida que trabalhamos com essa noção de identidade implicada no caminho causal, descobrimos que em algum momento ela impedirá a nossa prática espiritual.

O problema é que, ao conduzirmos o trabalho espiritual com essa noção comum de eu, podemos continuar a nos identificar com as características não virtuosas que encontramos em nós mesmos. Se tivermos a sensação de que somos pessoas não muito boas, pessoas não muito amorosas, pessoas não muito pacientes, a identificação com essas qualidades poderá frustrar todo o processo de desenvolvimento. Reconhecer a presença das nossas próprias tendências não virtuosas é um componente essencial do autoconhecimento; mas fixar-se a essas tendências e construir a identidade pessoal com base nelas pode ser emocional e espiritualmente incapacitante.

Isso pode se tornar especialmente crucial nos primeiros anos de prática. Podemos começar com uma autoimagem razoavelmente boa, sentindo que somos pessoas agradáveis, queridas, enfim, tudo bem. Então, começamos a meditar e nos tornamos mais conscientes de como nossa mente realmente funciona – o que nos motiva a passar o dia e como vemos as outras pessoas – e nos tornamos cada vez mais conscientes do caos em que a nossa mente realmente se encontra. Tentamos meditar por um final de semana, e descobrimos que a nossa mente é praticamente incontrolável. Pior ainda, quando nossa mente se acalma, nos pegamos absorvidos em fantasias triviais ou não virtuosas.

Se nos identificarmos com essa mente condicionada à medida que ela for se revelando, possivelmente desenvolveremos uma sensação de que somos pessoas desprezíveis. E isso pode se tornar um grande obstáculo para a iluminação.

Quanto mais compreendemos o quão persistentes muitas dessas qualidades são, mais podemos nos sentir enredados e aprisionados por elas. Essa sensação de estarmos presos pelas nossas qualidades mais obscuras não atinge apenas a nós;

pode incluir nossos cônjuges, pessoas com quem trabalhamos, todas as pessoas que encontramos. O mundo inteiro pode parecer sombrio, aparentemente por causa da prática espiritual na qual embarcamos.

O caminho veloz

Por outro lado, o caminho tântrico é uma transformação completa e radical da noção de identidade. O Tantra se baseia em algumas das ideias-chave que exploramos nos capítulos anteriores. Uma delas é a pureza essencial da mente, que é chamada de natureza búdica, ou *tathāgata-garbha*.

A ideia de natureza búdica é de que a natureza essencial da mente é pureza infinita, alegria, poder, sabedoria e compaixão insondáveis; aqui e agora. Não precisamos obter a natureza búdica ou nos tornar iluminados para consegui-la. Dispomos dela neste momento – nós e todos os seres sencientes.

De maneira análoga à natureza búdica – o infinito potencial de cada indivíduo – há o *dharmakāya*, a consciência onisciente e onipresente de um buda. O *dharmakāya* é chamado de corpo espiritual do buda, e está indissociavelmente relacionado com a natureza búdica. Ambos são ativos, eternamente dinâmicos.

O caminho causal é uma abordagem gradual, um passo a passo para realizarmos o nosso potencial e, por fim, nos tornarmos budas. De acordo com o budismo, o caminho de cultivar virtudes, mantendo a noção de uma identidade convencional comum, leva três "incontáveis" éons. Um incontável éon no sentido budista é muito mais do que os bilhões de anos entre o *Big-Bang* e o *Big Crunch* (assumindo que o universo oscila através desses ciclos) estimados pela ciência. Um éon budista é mais do que isso, e no caminho causal leva-se três incontáveis éons para atingir a iluminação.

A ideia de ter que esperar tanto tempo para tornar-se iluminado pode parecer um pouco assustadora. Mas focar apenas na duração desse caminho é um equívoco. Para alguém que está seriamente seguindo o modo de vida do *bodhisattva*, faz todo sentido permanecer no ciclo de existência a serviço dos seres sencientes.

A outra abordagem, a transformação radical do Tantra, chamado *veículo resultante*, pode levar apenas algumas vidas. A essência do caminho tântrico é uma mudança radical de identidade, um verdadeiro salto. Damos um salto, mudamos nossa perspectiva e nos identificamos com a natureza búdica, em vez de sustentarmos a nossa concepção anterior de um eu comum. Tão rapidamente quanto um estalar de dedos, soltamos a identificação que tínhamos, com todas as limitações, e em vez disso, nos identificamos com a natureza essencial do nosso próprio ser. Deixamos de ter início, fim, e máculas criadas por qualquer distorção.

O papel do desejo

A atitude tântrica com relação ao desejo é profundamente diferente de tudo que já discutimos antes. Em capítulos anteriores, quando consideramos o caminhoindividual e o caminho *Mahāyāna*, o desejo era algo a ser acalmado. Nessa visão, os desejos não trazem nenhum benefício; eles nos mantém no *saṃsāra* e no sofrimento. Mas no Tantra, transformamos a nossa atitude frente ao desejo, aceitando-o e transmutando-o, pois o desejo tem uma tremenda energia.

No veículo individual há uma certa atitude intransigente, em que o apego é algo completamente aflitivo. O grande ideal é tornar-se um monge, e evitar o desejo inteiramente. Isso implica desenvolver a renúncia, incluindo o abandono de relações contaminadas pelo apego. A abordagem *Mahāyāna* é um pouco diferente. Ela reconhece o apego como uma distorção mental que leva ao sofrimento e precisa ser rejeitada. No entanto, as relações íntimas não precisam ser necessariamente abandonadas, pois podem ser um caminho para o desenvolvimento de atitudes positivas, como a bondade amorosa e a compaixão, que são os pilares centrais da prática *Mahāyāna*.

No Tantra, na verdade, nós usamos a energia do desejo para avançar no caminho. Aceitamos essa energia e a transmutamos, sem tentar asfixiá-la. Por essa razão, o Tantra pode ser praticado de forma eficaz, em meio a uma vida ativa com cônjuge, filhos e trabalho. Assim tem sido no Tibete, onde muitos dos maiores lamas eram praticantes leigos com famílias.

O guru como o Buda

A relação entre guru e discípulo assume uma outra dimensão na prática tântrica, além daquelas que já discutimos. Como já vimos, no caminho individual consideramos o guru como um representante do Buda. A personalidade do guru é de pouca importância, porque o guru representa o Buda, como o emissário de um rei. No caminho *Mahāyāna*, vemos o guru como se fosse um buda. Não o vemos ou a vemos como um buda com plena realização, mas reconhecendo inteiramente a natureza búdica daquela pessoa. Embora possamos estar cientes das falhas do guru, nós simplesmente não nos fixamos a elas; em vez disso, concentramo-nos nas virtudes do guru como expressões da natureza búdica. Consideramos essa pessoa como um vaso para as bênçãos e inspiração do *dharmakāya*, e, portanto, como um facsímile de um buda.

A visão tântrica do guru é bem diferente. Primeiramente, as qualificações necessárias para que essa pessoa seja um verdadeiro guru tântrico são muito elevadas. Nesse contexto, o guru é visto, não como um emissário como no caminho individual, nem como um fac-símile de um buda como no caminho *Mahāyāna*, mas como um verdadeiro buda, tendo o mesmo grau de realização, de compaixão e de pureza do Buda histórico.

A chave para essa visão tântrica é a compreensão da ausência de existência inerente de si mesmo, de outras pessoas e do ambiente. Realizando a ausência de existência inerente do eu, e afirmando intuitivamente sua natureza búdica, o praticante tântrico designa a si mesmo como um buda com base em sua natureza búdica, que é, em última análise não diferenciada do *dharmakāya*. De forma semelhante, ele identifica seu guru como um buda com base em sua natureza búdica.

Afirmar a presença imanente do *dharmakāya* intuitivamente faz com que o praticante seja receptivo às bênçãos dessa fonte divina profundamente transformadora. E, colocar sua fé em um professor humano também pode trazer bênçãos muito velozes. Se o praticante for capaz de integrar a fé no *dharmakāya* e a fé em um professor humano, ele se tornará receptivo a poderes de transformação espiritual profundos e velozes. Essa é a razão para vermos o guru como um buda.

Em seu livro *Introduction to Tantra*, Lama Thubten Yeshe ressalta um aspecto muito importante do que estamos discutindo. A principal razão para cultivarmos essa relação com o guru é despertar a nossa própria sabedoria interna. O guru externo é simplesmente uma maneira de acionar o guru interno. Precisamos ter em mente que devemos nos identificar como budas exatamente da mesma maneira que consideramos o guru como buda.

A prática do Tantra

A porta de entrada para o Tantra é a *iniciação*, conhecida pelos tibetanos como *empoderamento*. O coração da iniciação é uma meditação compartilhada entre o guru que oferece a iniciação e o aluno que a recebe. O guru ensina a meditação, o guru e o aluno participam juntos, e ocorre uma transferência, ou uma espécie de comunhão.

O objetivo da iniciação é catalisar certos potenciais que chegarão à fruição se a prática for seguida. O grau em que a iniciação se estabelece depende da realização do professor e da maturidade espiritual do aluno. Se esses dois estiverem bem-preparados, a iniciação pode ser muito poderosa e profundamente transformadora.

Na visão budista tibetana, a iniciação é essencial. O praticante pode ler sobre práticas tântricas em livros, mas a menos que tenha recebido a iniciação, essas práticas serão ineficazes na melhor das hipóteses, e poderão até mesmo ser prejudiciais.

Cada iniciação refere-se a uma determinada deidade de meditação, chamada de *yidam* em tibetano. Deidades como Avalokiteśvara, Mañjuśri ou Tārā podem ser consideradas arquétipos corporificando uma faceta diferente da consciência iluminada. Não são verdadeiramente existentes como entidades separadas que existem em algum lugar divino. Avalokiteśvara, por exemplo, é considerado uma manifestação da compaixão do Buda. E a maioria dos tibetanos consideram que Sua Santidade o Dalai-Lama é uma corporificação de Avalokiteśvara na forma humana.

A identificação dos *yidams* como arquétipos, no entanto, não deve ocultar o fato de que muitas vezes faz-se referência a eles como pessoas divinas. Isso é ilustrado pela história budista sobre Avalokiteśvara, que há muito tempo comprometeu-se a abrir mão de seu próprio despertar espiritual até que todos os seres sencientes alcançassem a iluminação. Diz-se que ele esteve a serviço dos seres por muitos éons, e que, finalmente, quando olhou para trás, viu que havia ainda um número ilimitado de seres em sofrimento. Vendo isso, chorou de desespero. De uma lágrima caída de seu olho surgiu Tārā, um *yidam* em forma feminina.

Tārā dirigiu-se a Avalokiteśvara e disse: "Não se desespere. Eu vou te ajudar". Assim, Avalokiteśvara e Tārā são considerados pessoas, mas, como nós, eles são vistos como sendo desprovidos de identidade inerente.

Do ponto de vista tântrico, o apego habitual às aparências comuns e conceituações é a ignorância que encobre a nossa natureza búdica. Uma vez que o problema é compreendido, a resposta tântrica é radical. Ao contrário do caminho causal, que responde a cada forma de ignorância com um antídoto, como a bondade amorosa que se contrapõe à raiva, o Tantra dá um salto para além desta visão comum. Na prática tântrica, transcendemos as aparências convencionais usando a imaginação para visualizarmos as nossas próprias formas como a forma divina. O praticante escolhe Tārā ou qualquer outra deidade como seu *yidam*, e faz visualizações bastante específicas, de cada aspecto da deidade – forma, postura, cor do cabelo, ornamentos detalhadamente descritos e repletos de significado simbólico.

Na prática de Tārā, por exemplo, usamos a imaginação de duas maneiras. Por um lado, vemos o nosso guru como Tārā, como uma manifestação da natureza búdica, e por outro lado visualizamos a nós mesmos como Tārā. O fato de sermos homens ou mulheres não tem absolutamente nenhuma importância; em ambos os casos visualizamos a nós mesmos como Tārā em uma forma feminina.

Essa prática pode parecer uma ilusão autogerada, como se o praticante estivesse se retirando de um mundo muito difícil e substituindo-o por um mundo de fantasia espiritual. Mas para os praticantes tântricos, o mundo imaginado do Tantra não é mais desprovido de existência inerente do que a realidade comum; reconhecem uma realidade divina mais profunda, que transcende as aparências comuns.

Essa prática tem dois aspectos. A primeira é a imaginação, em que nos visualizamos como um *yidam*, cujo corpo é de luz, permeado de alegria e da mais absoluta pureza. Os ensinamentos tântricos enfatizam que cada um de nós tem um corpo sutil, além do nosso corpo físico grosseiro. O corpo sutil, composto de energia vital, opera em conjunto com o corpo grosseiro. É aqui que o budismo tântrico introduz o sistema corporal sutil, com os diferentes *chakras*, ou centros de energia, bem como os *nāḍis*, ou canais de energia.

Quando nos visualizamos como uma deidade tântrica, estamos, na verdade, transformando esse corpo de energia sutil pelo próprio ato de visualização. Se visualizarmos a nós mesmos como Tārā, por exemplo, damos a forma de Tārā aos nossos corpos de energia sutil. Estamos tomando a realidade e moldando-a, transformando-a.

Em seguida, surge o segundo aspecto da prática tântrica que é conhecido como "orgulho divino". Em resposta à pergunta "Quem é você?", o praticante tântrico pode responder: "Eu sou o Buda Tārā". Não estamos fingindo ou querendo ser Tārā; simplesmente reconhecemos nossa pureza essencial, neste exato momento, nos identificando plenamente com a natureza búdica sob a forma de Tārā. Através desse processo de visualização e identificação, tornamo-nos conscientes das maneiras limitadas com que costumamos conceber, ou "imaginar", nós mesmos.

Sem uma compreensão da vacuidade, a prática de visualizar-se como Tārā e imaginar ser Tārā é pura fantasia. Mas com esse entendimento, a prática de visualizar a nós mesmos de uma forma diferente e de nos identificarmos com um ser iluminado nos ajuda a ver mais claramente aquilo que não somos. Isso nos dá uma clareza muito maior sobre como nos identificamos de forma limitada e arbitrária. Através desse processo, reconhecemos essas limitações como distorções mentais e, ao mesmo tempo, percebemos que já não precisamos nos identificar com eles. Essa é a mudança radical do Tantra.

Outras práticas tântricas

No Tantra, o praticante reconhece plenamente os eventos virtuosos e não virtuosos que surgem na mente, sem se identificar com eles e sem afastá-los. Condições mentais virtuosas e não virtuosas são vistas como simplesmente decorrentes de eventos anteriores, e o praticante se concentra na pureza essencial da natureza búdica que está subjacente e dá vida a ambas.

Nesse contexto de prática, dizemos que até mesmo as distorções mentais surgem a partir da natureza búdica. O ponto é não reprimir essas distorções, mas reconhecê-las e, em seguida, tomar sua energia e transformá-la. No Tantra, toda a energia, quer pareça positiva ou negativa, é utilizada no caminho. Isso inclui a poderosa energia da felicidade, que também se transforma em caminho quando não nos apegamos a ela. Não tomamos a felicidade como algo definitivo, mas simplesmente permitimos que surja e deixamos o fluxo de energia livre. Os problemas surgem somente quando nos apegamos às fontes aparentes de felicidade. Nós nos apegamos a elas esperando que durem, e, no final, nós as sufocamos.

Para os tibetanos, a prática tântrica é a coroação do caminho budista, o "trem expresso" para a iluminação. Mas, como ocidentais, pertencentes a uma outra cultura, é importante não perdermos de vista dois aspectos do caminho tântrico.

Primeiro, o caminho tântrico pode ser o ponto culminante do caminho budista tibetano, mas isso não significa de forma alguma que ele seja mais importante do que outros aspectos do caminho. Cada parte do caminho budista tem o seu próprio valor, desde os preceitos morais mais básicos às práticas para abrir o coração como a de bondade amorosa, até a mais sutil compreensão da vacuidade. Sem uma profunda realização e sem a prática dos preceitos morais, o caminho tântrico pode sair do controle e se tornar prejudicial. Sem a realização da vacuidade, o uso das visualizações e imagens do Tantra não passam de fantasia. Todos esses elementos constituem uma rede interconectada.

Em segundo lugar, o caminho tântrico é um caminho e não deve ser confundido com o objetivo verdadeiro da realização. Os tibetanos consideram o Tantra como a rota mais veloz para o estado de buda, mas isso não significa que seja a única ou que seja a própria iluminação. Mesmo dentro budismo *Mahāyāna* há outros caminhos, como o Zen, que são tão diferentes do Tantra que pode ser difícil reconhecer que ambos têm raízes comuns nos ensinamentos do Buda. O ponto crucial não é apegar-se a um caminho ou a uma escola como se fosse superior às outras, mas praticar aqueles ensinamentos que trazem benefícios para nós mesmos e aos outros de maneira mais clara. Esse é o espírito altruísta e pragmático, que permeia todo o budismo tibetano desde seus fundamentos, e isso é especialmente relevante neste mundo moderno pluralista em que procuramos realizar nosso anseio mais essencial – o despertar espiritual.

Conecte-se conosco:

 facebook.com/editoravozes

 @editoravozes

 @editora_vozes

 youtube.com/editoravozes

 +55 24 2233-9033

www.vozes.com.br

Conheça nossas lojas:

www.livrariavozes.com.br

Belo Horizonte – Brasília – Campinas – Cuiabá – Curitiba
Fortaleza – Juiz de Fora – Petrópolis – Recife – São Paulo

  Vozes de Bolso

EDITORA VOZES LTDA.
Rua Frei Luís, 100 – Centro – Cep 25689-900 – Petrópolis, RJ
Tel.: (24) 2233-9000 – E-mail: vendas@vozes.com.br